100万回のありがとう

～自転車に夢のせて～

坂本 達

夢の始まり、旅のこぎ始め

　僕は小学校2年生の時に、父親の仕事の関係で家族でフランスに渡り、3年半暮らしました。5年生の終わりに帰国して、日本の学校に転校した時の出来事です。

　初日、最初が肝心だと思い、前の学校で「カッコいい」と言われていたお気に入りのズボンをはいて行きました。すると、「何だ、あのズボン」「変なの、カッコ悪い」と言う声が聞こえてきました。

　僕は席に着き、かばんから筆箱を取り出しました。すると、今度は、「何だ、そのかばん」「何だ、その筆箱」と、みんなと違うことを指摘され、仲間外れにされました。共通の話題も少なく、替え歌まで作られました。学校が嫌になり、そのころ「自分の一生はずっとこの暗いままだ」と思っていたのです。

　そんな時、父が世界地図を見せてくれ、こう諭してくれました。「今、学校は面白くないかもしれない。だけど学校がすべてではない。世界はもっと広くて、いろんな人がいて、いろんな考え方がある。お前のズボンも『カッコいい』と言ってくれる人が必ずいる」と。その言葉で僕は、世界に出てみたい、そんな人に会ってみたいという夢を持ったのです。これが始まりでした。

　世界最高峰の自転車ロードレース「ツール・ド・フランス」＊を実際に見た時、カラフルなウェアーを着てすごいスピードで駆け抜ける選手の姿に魅せられました。

　僕は自転車のとりこになり、父にねだって24インチのドロップハンドルの自転車を買ってもらったのが、小学

写真：父にねだって買ってもらった自転車にまたがってポーズ。左から本人、兄、弟

＊20日余りでフランス全土を走り抜く。その距離3000キロ以上

4年生の時。学校から家に帰るのが待ち遠しく、毎日その自転車を乗り回しました。自転車は暗いガレージに置いてあったのですが、嬉しくて嬉しくて、夜も懐中電灯を持って何度も眺めに行ったものです。

　小学生の時の「世界に出てみたい」という夢が、26歳の時に実現することになりました。それから4年3か月かけて自転車で世界43か国を旅し、無事帰国したのです。走っているときは過酷なことの連続だったはずが、振り返ってみるとつらいことなど1つも無いのです。世界中で出会った人が味方してくれただけでなく、太陽が昇りまた沈むといった大自然の不変の営みが、小さなことにとらわれる僕を一喝してくれ、その度に初心に戻ることができました。1人なのに1人じゃない、すべてのものが愛しく感じる、そんな感動に包まれたのです。学んだことは「感謝」であり、できないようなことを無理にするのではなく、自分にできることを見つけてそれを精一杯やる、というシンプルなことでした。

　こんな人生になるとは、小学生の時は想像できませんでした。何事もやってみないとわからないこと、そしてつくづく「生きる」ということは「生かされる」ということであり、「ありがとう」の連続であると実感しています。そんな感動と、世界各地で受け取ってきたメッセージにお付き合いいただけたら幸いです。

坂本　達

目次

夢の始まり、旅のこぎ始め ………………………… 4

笑顔の子どもたち

第1話　足元にあるもの　〜西アフリカ ………… 10
第2話　夢　〜カメルーン ……………………… 12
第3話　強さ　〜ボツワナ ……………………… 14
第4話　人は善　〜ガーナ ……………………… 16
第5話　生きる力　〜ベトナム ………………… 18
第6話　助け　〜ベトナム ……………………… 20
第7話　豊かさ　〜ラオス ……………………… 22
第8話　見守る　〜ラオス ……………………… 24
第9話　必要とされるということ ……………… 26
　　　　〜新疆ウイグル自治区・中国
第10話　誇り　〜トルコ ………………………… 28
第11話　記念写真　〜トルコ …………………… 30
第12話　認められる　〜イラン ………………… 32
第13話　想い　〜アラスカ州・アメリカ ……… 34

その地に呼ばれた

第1話　イメージしたことは実現する　〜フランス ……… 38
第2話　自分次第　〜コートジボワール ………… 40
第3話　体験と感動　〜ボツワナ ………………… 42
第4話　日没　〜ジンバブエ ……………………… 44
第5話　世界に共通すること　〜イラン ………… 46
第6話　そのままでいいんだよ　〜イラン ……… 48
第7話　肯定し続ける　〜イラン ………………… 50
第8話　地の果て　〜パキスタン ………………… 52
第9話　出会い　〜カラコルム ハイウェイ・パキスタン …… 54
第10話　祈り　〜チベット自治区・中国 ………… 56
第11話　人間を幸せにするための物 …………… 58
　　　　〜ユーコン準州・カナダ
第12話　自分だけじゃなかった　〜北アメリカ ………… 60
第13話　過信　〜チリ …………………………… 62
第14話　メッセージ　〜アルゼンチン …………… 64
第15話　旅　〜ボリビア ………………………… 66

優しさを分けてもらった

第1話	生かされている　～ギニア	70
第2話	自分の力だけではできない　～セネガル	72
第3話	その土地の食べ物　～トーゴ	74
第4話	固執　～カメルーン・コンゴ国境	76
第5話	求めていたもの　～カメルーン・コンゴ	78
第6話	私たちがターツの両親だよ　～トルコ	80
第7話	足るを知る　～パキスタン	82
第8話	それぞれの夢　～パキスタン	84
第9話	笑顔　～新疆ウイグル自治区・中国	86
第10話	無償の親切　～アラスカ州・アメリカ	88
第11話	特別参加賞　～チリ	90
第12話	自問自答　～エクアドル	92
第13話	勇気　～パラグアイ	94
第14話	チームワーク　～パタゴニア	96
第15話	大いなる力　～アルゼンチン	98

帰国、そして夢の先へ

第1話	世界一周、びっくりベスト５！	102
第2話	相棒　～ギリギリの時にも支えてくれたもの	104
第3話	夢の架け橋プロジェクト　～日本の子どもたち	106
第4話	ギニア　井戸掘りプロジェクト	108
	～自転車世界一周、旅の命の恩人たちへ	
第5話	ギニア　診療所建設プロジェクト	110
	～自転車世界一周、旅の命の恩人たちへ	
第6話	伝えていきたいこと	112
第7話	ブータン　教育支援プロジェクト	114
	～夢　その先に見えるもの	

インタビュー「夢はかなう」……116
子どもたちからの質問コーナー……130
あとがき……134

カバー＆本文デザイン　前田茂実

第1話　足元にあるもの　〜西アフリカ

　村の子どもたちは1日に2食しか食べることができず、いつもお腹を空かしている。にもかかわらず笑顔で暮らしていた。どうしてこんな厳しい環境にいながら、笑顔でいられるのだろう。

　世界最貧国といわれる国々では、不衛生や医療の不足などで子どもが亡くなることが多く、平均寿命は日本より30歳以上も短い。病気や死がすぐ近くにあるので、きれいな水の大切さや命の尊さをみんなが実感している。

　笑顔の子どもたちは、「ご飯が食べられる」という考え方をしているのではないかと気がついた。僕は子どもたちと同じご飯を目の前にしながら、「1日に2食しか食べられない」という考え方をしていた。

　困った時には助け合い、物がなければ知恵を絞って工夫する。足が不自由な子どもは、木の棒を杖代わりにして普通に遊ぶ。ポリタンクが割れても、捨てずに器用に縫い合わせて使っている。

　嘆いても仕方がない状況で生きる人たちから、ないものを手に入れることで幸せになるのではなく、今あるものに感謝すること、小さなことに気づくことで得られる幸せや豊かさもあると教えられる。また人に親切にして、喜んでもらうことで笑顔になっている人にもたくさん出会った。

　今の日本は、本来手段であるはずの繁栄が目的になってはいないか。物のありがたみや自然への感謝を忘れ、支え合うべき人と人が他人を思いやることを忘れてはいないだろうか。忙しい毎日でも立ち止まって身近にある幸せに気づき、当たり前と思いがちなことに感謝できるようになりたい。世界一周で見つけた大切なことは、自分の足元にあった。

お世話になった村を出発！　何度この笑顔に元気づけられたことだろう。毎日を精一杯生きる、エネルギーに満ちあふれた子どもたちと（セネガル）

第2話　夢　〜カメルーン

　大空に浮かぶ雲はゆっくり形を変え、木の上では猿がガサガサッと集団で移動する。バケツをひっくり返したような雨が降ると、道路はあっという間に川と化す。雨が止んだと思ったら、強烈な太陽が、赤土とジャングルの緑を焦がすように照らしている。

　中央アフリカのジャングルに滞在すること9日間。たまった洗濯、日記や写真の整理、自転車やカメラの整備などをして、コンゴ共和国に進む準備をしていた。

　村人たちは僕の存在などお構いなしに、暗いうちから水を汲みに行き、薪で火を起こして食事を作る。たらいで家族の洗濯をし、子どもの髪を結い直し、昼寝をする。猟や商売から戻ってきた男たちは地酒を飲み、女たちはおしゃべりに熱中する。子どもは小さい子の面倒を見る。ここにはここの、変わりようのない日常がある。

　土曜日、月に1度のマーケットがやってきた。古着、薬、石鹸、雑貨、ジュース、お菓子、串刺し肉……種類も量も少ないが、普段何もない村が活気にあふれる。女たちはきれいな服と派手な帽子をかぶり、この日を上機嫌で楽しんでいる。子どもたちは何を買ってもらえるのかと、期待と心配でドキドキだ。見ているこっちの心臓まで高鳴ってくる。

　近くの食堂の少年、キキと仲良くなった。
　「大人になったら何になる？」と聞くと、
　「夢はプロのサッカー選手！」と目を輝かせた。
　夢を語るキキから教えられるのは、天から与えられた環境をいかに受け入れるか、ということだ。無い物ねだりをせず、言い訳さえしなければ、どんな環境であれ、そこで夢を持つことができるのだと。

「夢はプロのサッカー選手!」と話す 7 歳のキキ

第3話 **強さ** 〜ボツワナ

　カラハリ砂漠でアフリカ最古の住民とされる、ブッシュマン※の部落を訪ねた。何千年にもわたって、射止めた動物を分け合い、平和に狩猟採集をして暮らしてきた人たちだ。
　「彼らは視力がとてもいい、というのは本当ですか？」
　ブッシュマンと共に現地で生活をし、彼らの研究をしている日本人に尋ねた。
　「ある調査によると、視力4.0から6.0はざらということです」
　「数は1、2、3、と数えると、4以上は"たくさん"となるんですか？」
　「ええ、1、2、3、たくさん……ですね。でも今は貨幣経済が発達しているので、4以上は英語を使っていますけど」
　「みんな服を着ているんですね？」
　「ボツワナ政府が服だけでなく、塩、砂糖、紅茶、主食のトウモロコシ粉、石鹸などの生活必需品を配給していますから。というのも、政府が移住の猟生活を送っていた彼らをここに定住させたので、そうして保護している訳です。1966年の独立直後にダイヤモンドが大量に見つかったのが発端です」
　「すると、もう猟はしないんですか」
　「いや、たまにやっていますよ。先週はゲムスボック（草食動物の1種）の角をもらいましたから」

　働き盛りのブッシュマンの男たちは、道路整備の仕事などで村を空けることが多いという。政府の一方的な思惑で伝統的な生活スタイルが崩れてしまっている彼らは、今の生活をどう思っているのだろう。
　カラハリ砂漠の夜、星しか光らない闇のどこかで、女たちが集まって大笑いしているのが聞こえてきた。何が起きても不思議ではないこの状況で、繰り返される笑い声にホッとするのだった。

※「ブッシュマン」という呼び方は「やぶで生活する人」という差別的な意味があるため、「サン」と呼ばれるようになったが、「サン」も現地語で差別的な意味があることから、研究者間では再び「ブッシュマン」が支持されているという。

環境がどう変わろうとも、1日を精一杯生きることに変わりはない。ブッシュマンの子どもたち

第4話 人は善 〜ガーナ

　今日はこの村にお世話になれないだろうか。自転車を止めると、村人たちが警戒しながら集まってきた。
「こんにちは。僕はコートジボワールからトーゴに向かっている日本人です。今日はもう日没で走れないので、この村に泊めていただける場所はありませんか？」
　努めて明るくしゃべったが、みんな怪訝そうな顔をしている。暗くなり始めてから見ず知らずの人間が村にやってきたら、不安に感じるのは当然だ。間もなく村長が、若い男と一緒に現れた。
「この男の家に泊まってください」
　威厳のありそうな村長が男を紹介してくれた。良かった！　今日はテントを張らずに、屋根の下で寝ることができる。

　その男の家には、小さな寝室1つと、狭い居間が1つしかない。男は家にある唯一のベッドを指差し、「ここが君の寝る場所だ」と言った。
「えっ？　君は5人家族と言っていたけど、みんなはどこで寝るの？」
「僕たちは隣の兄弟の家で寝るから大丈夫」
　家に1つしかないベッドを客人に与える。お腹が空いたといえば、いちばん多くのおかずを分け与える。言葉も文化もわかっていないよそ者の僕を、村人たちは温かく受け入れる。
　彼らは物質的に貧しい生活をしていても、お礼のお金は受け取ろうとしない。お金は必要なはずだが、「困っている人を助けるのは当たり前」という、彼らの人間としての誇り、そして彼らの温かさに心を大きく動かされる。
　アフリカではこんなことばかりが続くので、「人は善」と思えるようになった。こう思えるようになったのが、今、何ものにも変え難い財産となっている。

「また来てね！」。1つしかないベッドを与えてくれ、食事の世話もしてくれた村を出発する▶

第5話　生きる力　〜ベトナム

　心地よく自転車をこいでいると、斜め後ろから人の気配がする。ハッと振り返ると、自転車に乗った兄弟が追いかけてきていた。少し前の村で挨拶を交わした子たちだった。僕がスピードを上げると、彼らも必死についてくる。嬉しそうにペダルをこぐお兄ちゃんだが、後ろに座らされている弟は恐怖で顔が引きつっている！

　少年が乗っている自転車は大人用なので足がペダルに届かない上、ブレーキが片方ない。それも裸足だ。弟が座っている荷台は木の棒で支えられていて、日本では考えられない代物である。

　ラオスではブレーキのついていない自転車に乗った子どもが、タイヤに足を当ててブレーキにしていた。ギニアでは片足の無い子どもが、木の棒を体の一部にして走り、柵を乗り越え、普通に遊んでいた。カメルーンではビニール袋をたくさん集めて丸くして、サッカーボールにして遊んでいた。物が不足している環境に暮らす子どもたちの適応力はすごい。無いなら無いなりに工夫する知恵がある。

　自転車で追いかけてきたお兄ちゃんのシャツのボタンは1つしかない。身につけているものはボロでも、彼の表情は満ち足りているように見える。

　未知の世界を知りたい、新しい世界へ飛び込んでみたい、チャレンジしたいという本能が、子どもの中に確実に存在する。損得勘定ではなく、ただ無心になって何かを追い求めるところに「生きる力」の源がある気がする。物が豊富で満たされた世の中になることが、子どもにとって目を輝かせて生きることにはつながらないことに注意しなくてはならないだろう。

冒険心あふれる子どもが追いかけてきた。でも後ろの弟の表情は……！

第6話　助け ～ベトナム

　サパは、中国との国境近くにある山岳民族が暮らす小さな村。早朝、朝もやの中から民族衣装を着た村人が突然現れて、ハッとする。山奥にある別世界に来ているようだ。

　サパを出発すると、1日にいくつも山を越える悪路が続いた。連日のように雨が降るので路面がぐちゃぐちゃだ。

　走り始めて3日目、大雨。川は茶色の濁流となってゴーゴー音を立て、ついに道も泥の沼となった。もはや自転車に乗ることができなくなり、ひたすら押し続ける。不意に後ろからやってきた乗り合いジープが、クラクションを鳴らして「乗って行け」と言っている。これを逃したらここから脱出できないと思い、ずぶ濡れになりながら一緒に自転車を積んでもらい、ジープに乗り込んだ。中はギューギュー詰めの満席だったのに、乗客たちは嫌な顔ひとつせずに席を詰めて座らせてくれた。みんな本当に親切だ。しかしこのジープ、タイヤがぬかるみで滑り、グワーンと車体が大きく振れるたびにみんな悲鳴を上げる。車に酔ったおばちゃんは、窓からゲーゲーやっている。車内のニワトリも騒いでうるさいが、これもまた旅。

　数時間後、ジープは久々の舗装道路に出た。再び自転車にまたがると、念願の晴れ間がのぞく。のどかな田園風景、水牛を引く女たち、高床式の家から手を振ってくれる家族……すべてが愛しく感じられる。無邪気度満点の子どもたちは遠くから駆け寄ってきて、「ハロー！」「オーケー！」とはしゃぎ回り、僕を追いかけ回す。天然の陽気さが爆発していて嬉しくなる。この国でもやはり、出会う人に助けられて走っていることを実感する。

好奇心いっぱい、いたずら大好きな子どもたちが集まってきた！　ハノイへ向かう途中の田園地帯にて

第7話　豊かさ　〜ラオス

　タイからメコン川を渡ってラオスに入国すると、急に道が悪くなった。首都に向かう幹線道路にもかかわらずボコボコの穴だらけ……。いつになったら道が良くなるのかと思っていたら、いつの間にか首都ビエンチャンに来ていた。

　ほとんどの交差点に信号機が無く、物売りたちが木陰で天秤を下ろして休んでいる。1国の首都とは思えない、のんびりとした光景だ。近隣の東南アジア諸国では猛烈なスピードで近代化が進んでいるが、ここでは高層ビルの建つ気配すら感じられない。

　「ボー・ペンニャン」が口癖のラオス人。「大丈夫」「問題ない」「小さいことは気にするな」という意味だが、自分が渡したおつりが間違えていても、「ボー・ペンニャン」。そんな言葉に象徴される悠々（ゆうゆう）とした国である。

　田舎を走っていると、前から2人の子どもが小さな魚を手にやってきた。僕は自転車を止め、「その魚、何？」と尋ねるが、わかってもらえない。子どもたちは首をかしげ、川で獲ってきた魚を僕に差し出した。お腹が空いて困っていると思われたようだ。

　魚は彼らの家族の晩ご飯。持って帰ればほめられるし、自分たちも食べることができる。子どもたちは、掘っ立て小屋のような粗末な家に住んでいた。家財道具も限られたものしかない。持てるものは少ないのに、よそから来た人に分け与えることができる。

　「豊かさ」って何だろう。目の前に困っている人がいたら助けることができる。分け与えることでみんなが豊かになる。ラオスでは子どもたちが実行していた。わかっていても、なかなか実行できない自分を反省するばかりである。

獲ってきた魚を差し出してくれた子どもたち。物質的ではない、目に見えない豊かさを教えられた▶

第8話　見守る　〜ラオス

　ラオス北部、ナムバクという小さな村の食堂で朝ごはんを食べていた。貫禄(かんろく)のあるお母さんが、言葉の通じない僕に何かと世話を焼いてくれる。外国からの客は珍しいようで、4人の子どもたちが興味津々で僕のテーブルに近づいてきた。

　1人の男の子が、テーブルの上に置いていた僕の空のボトルに気がついて、水を入れて持ってきてくれた。するとお兄ちゃんが、「水よりお茶の方がいい」と言っているようで、水を捨ててボトルにお茶を注ぎ始めた。ボトルの口からお茶がこぼれてテーブルが水浸しだが、子どもたちがああでもない、こうでもないと必死になっている一部始終を、お母さんは温かく見守っている。

　出発前に子どもたちの写真を撮ってあげようとすると、お母さんが何かを命じたらしく、みんな姿を消してしまった。どうしたことかと思っていたら、子どもたちが水中メガネを持ってやってきた。最近買ってもらった宝物なのだろう。横1列に整列し、食堂の前でポーズ！ よく見るとメガネが逆さまの子がいるが、みんなバッチリ決まっている。かわいい子どもたち。お母さんは後ろでにっこりしている。

　写真を送るためにお母さんに住所を教えてもらい、お礼を伝えて出発。子どもたちが道路まで自転車を押してくれて、「またナムバクに来てね」と口々に言う。そしてずっと手を振っていた。お母さんも道路まで出てきて、一緒に手を振ってくれた。

　「コップチャイ・ライラーイ！（どうもありがとう！）」

　僕も後ろを振り返りながら手を振り続けた。彼らには彼らの、僕には僕の新しい1日が始まった！

子どもたちの様子を後ろでニコニコ見守るお母さんの姿が印象的だった

第9話　必要とされるということ　〜新疆ウイグル自治区・中国

　カシュガルでのお目当ては、シルクロードの時代より今日までずっと栄えてきた巨大バザール。日の出から日没まで、身動きができない程の活気であふれかえる。バザールの一画にある食堂街もすごい人出で、どこも1日中繁盛している。特に人気があったメニューは、人参ピラフと羊肉のセット。ピラフはいったい何百人分作っているんだ、という程大量に作っていた。

　僕は何を食べようかと物色していると、少年と目が合って声をかけられた。「お兄ちゃん、おいしいスープだよ！」。まだ小学生だろうか。笑顔でテキパキと店を手伝いながら、どの食堂よりもたくさんの客を呼び込んでいる。それにしてもいい表情！

　アフリカのカメルーンでは、バケツで水運びをしていた小さな女の子に「お手伝いして偉いね」と声をかけたところ、「これはお手伝いじゃなくて、私の仕事よ！」と言い返されてハッとした。

　トルコ東部の山岳地帯では、200頭もの牛を放牧している少年たちに出会った。学校へ行っているようには見えなかったが、自分の役割を知り、仕事に誇りを持っているためか表情はびっくりするほど大人びていた。

　ラオス北部の屋台では、8歳ぐらいの男の子が炭火でヤキトリを焼いて持ってきてくれた。「ありがとう」と言うと、男の子は照れながらお母さんのもとへ走っていき、抱きついたと思ったらこっちを振り返ってにっこりした。

　「自分は人の役に立っている」「自分は必要とされている」という実感がある子どもは幸せだ。そんなきっかけや環境を作っていくのが親や先生、そして大人の役割なのだと、最近つくづく思う。

「おいしいスープだよ！」。吸い寄せられるように席につくと、少年がすぐに温かい羊のスープを持ってきてくれた

第10話　誇り　〜トルコ

　トラブゾンという街を地図片手に歩いていると、小学生の男の子3人組が寄ってきて、ガイドをしてくれるという。旧市街には昔から栄えていたバザール地区があり、次々と見所を案内してくれる。

　途中3人は何度も「あそこへ連れて行こう」「いや、別の所にしよう」と話し合い、コースを決めていた。トルコ語が不十分な僕に、身振り手振りを交えて真剣にガイドしてくれる。道路を横断する時は先に渡って片手を上げて車を止め、運転手にお辞儀をしてから僕に「こちらへどうぞ」とやってくれた。

　3時間ほどガイドをしてくれ、最後に中央広場に着いた。チャイハネ（喫茶店）があったので、子どもたちにお茶をご馳走しようと思ったら、3人がポケットから小銭を出し合っている。「まさか」と思ったが、チャイをおごってくれるという。小学生に、それもガイドをしてもらってお金を出させる訳にはいかない。「いいよ、出すよ。出すから」と言っても、彼らは手を後ろに回して受け取らない。困ってチャイハネのおじさんの方を見ると、にっこりうなずいている。結局ご馳走になってしまった。

　翌日バザールで、ガイドしてくれた少年の1人が、誰よりも大声を張り上げてティッシュを売っている所に出くわした。裕福な家の子かと思っていたら、自分で稼いでいた。少年は僕に見つかって照れくさそうにしたが、「昨日はありがとう」と言うと、「どうだ、良かっただろう」と誇らしげな顔をして笑った。

　後日、トルコでは旅人を「神の客」と呼び、できる限りのもてなしをしよう、という教えがあると聞き、少年たちを思い出した。

トルコ東部で出会った牛追いの少年たち。「今度はいつトルコに来るの？」と聞いてきた。自分の土地や文化に誇りを持つ子どもたち

第11話　記念写真 ～トルコ

　トルコ東部の山岳地帯を東へ進み、イランへ国境を越える数日前。のんびり走っていると、道沿いの家の前に出ていた男と目が合った。男が手招きしてくれたので引き返すと、「チャイを飲んでいけ」と、日干しレンガでできた小さな家に入れてくれた。

　家の中は土足だが、居間にはじゅうたんが敷いてあってとてもきれい。電気がないため、漆喰（しっくい）で壁を白く塗り、小さな窓1つでも部屋の中が明るくなるように工夫されている。それにしてもほとんど物がない質素な生活をしているのに驚いた。奥さんがいた台所にも、調理道具や食材はほとんどなかった。水はタンクに汲んできたものを使い、調理には家畜のフンを乾かしたものを燃料として使っていた。

　クルド人の家族は、奥さんと息子1人、娘3人の6人

で暮らしていた。4人の子どもは珍客を前に緊張して、部屋の隅に座っている。僕が自転車で旅をしていることを知ると、奥さんが飼っているニワトリの卵で大きなオムレツを作り、ナンと一緒に出してくれた。寒くて空腹だったこともあって温かいオムレツは最高においしかったが、食べている時の子どもたちの視線が痛くて半分も食べられなかった。

　僕が来たことで家族の大切な食料が減ってしまったことを心苦しく思い、せめて食べた分のお礼を渡そうとすると「当たり前のことをしただけ」と断られてしまった。それじゃあ何か……とカメラを取り出して子どもたちに向けると、お母さんが嬉しそうな表情でうなずいた。

　約束通り家族に送ったこの写真、無事に届いただろうか。またいつの日か、この家族に会いに行きたい。

「写真を撮ろう！」と言うと、服を着替えて出てきたクルドの子どもたちと

第12話 認められる ～イラン

　イラン南部、世界一暑くなるといわれるルート砂漠。午前9時で気温が40度を越し、昼過ぎには54度まで上がった。熱気でフラフラしてまともに走ることができない。

　やっとの思いでバムの街にたどり着いた。話す気力も残っていなかったが、近くにイラン人夫婦がいたので挨拶だけでも……と思い僕は、「サラーム」（こんにちは）と声をかけた。

　すると夫婦は「君は自転車で走っている人？」と笑顔で返してきた。

　「えっ？！　何で知っているんですか？」

　「2日前にケルマンで君が走っているのを見たよ」

　「ふ、2日前……本当ですか？！」

　「本当だよ。ケルマンの親戚の所にいたんだ」

　思い通りに走ることができない、こんな自分を認めてくれるひと言が飛び上がるほど嬉しかった。

　「ちょうどお昼だ。家に来ないかね」と誘ってくれた。

　家ではチキンの丸焼きと、何種類かのハーブをご飯と一緒にいただく。酢と塩だけであえたサラダもおいしい。中東一の質ともいわれるバム特産のデーツ（ナツメヤシ）と自家製ヨーグルトも出てきた。デーツは僕の大好物。食後には、砂漠で欠かすことのできない甘いチャイを何杯もいただいた。

　おばちゃんがチャイを飲みながら、

　「私たちは、よそからのお客さんを家に招くことができて嬉しいのよ」と言ってくれる。

　「こちらこそ、いつも1人だから誘ってもらえて嬉しいです」と伝えると、

　「あなたが嬉しいと言ってくれて、私たちも嬉しいわ」と返してくれた。

　自分を認めてくれる会話が何より嬉しい。食事というのは栄養とともに、目の前にいる人の愛情を分けてもらうものだと実感した。

実がなったデーツの木と、お世話になった家の子どもたち。オアシスのような出会いだった

第13話　**想い**　〜アラスカ州・アメリカ

アラスカ最南端の街、ケチカン。うっそうと生い茂る温帯雨林の中、トーテムポールがひっそりと天に向かって立っている。木々や草が、すべての音を吸収してしまっているかのような静けさだ。

キャンプ場を探して走っていると、ケビンという若者に声をかけられた。「よかったら泊まっていいよ」と、彼のアパートにお世話になることになった。彼は難関であるパークレンジャー（国立公園の自然保護官）になるのを夢見て勉強している学生だった。夜は在宅看護の仕事をし、ボランティアで地元ラジオのDJもしていた。彼のように目的を持って生きる人に会うと元気が出る。熱心なカトリックであり、僕に教会やキリストのことをよく話してくれた。

滞在中にハロウィーンを迎えたので、ケビンと僕は大きな色画用紙を買ってきて花びらの形に切り、その真中に顔を出す「衣装」を作り、「トリック・オア・トリート（お菓子をくれなきゃ、いたずらするぞ）！」と言いながら家々を回り、お菓子をもらった。僕が「ハロウィーンを知らない」と言ったから、子どもの祭りにケビンが付き合ってくれたのだった。

翌日、彼はインコを買ってきた。色は僕のウインドブレーカーと同じ黄色。そしてインコに僕の名前「タツ」と名づけた。

旅立ちの日、あわただしく深夜発のフェリーに自転車ごと乗り込んだ。翌日明るくなってから自転車を見ると、イエス・キリストのシールが貼ってある。ケビンに違いない。別れ際、「今日、タツのことを教会で話してきた。今頃みんな、タツの安全を祈っているよ」と言っていたのを思い出した。

ハロウィーンに付き合ってくれたケビンと、近所の子どもたち。たくさんの優しい想いに支えられていた

その地に呼ばれた

第1話　# イメージしたことは実現する　〜フランス

　自転車世界一周のスタートは、ロンドン。本格的に旅が始まるアフリカ大陸までの3か月間を、トレーニングを兼ねた調整期間とした。

　パリではアフリカに備えて予防接種を済ませ、自転車のスペアパーツをそろえた。たまたま訪れた自転車屋に、世界を旅したサイクリストがいて意気投合。彼から世界各地の情報をもらい、友人を紹介してもらうことができた。少しずつ準備が進んでいった。

　ルートはイギリスからベルギー、フランス、モナコを経由して、スペインまでのヨーロッパ縦断。初めのうちは重たい荷物や新しい自転車に慣れなくて、ペースがつかめず苦しんだ。

　田舎の町には宿が無く、民家に泊めてもらおうと頼んでも断られ、教会の前や町外れの雑木林で野宿したこともある。番犬に追いかけられることも多く、頭の中は寝る場所と食べることの心配ばかり。夢なんて、始まってしまえば毎日が地を這うような現実で、「夢を追いかけていた時の方が楽しかった」と思うことも多かった。

　それでも走り続けていると、現実が夢を与えてくれた。フランスで、小学生の時に家族で訪れた田舎の港町、オンフルールを通った。木組みの家が建ち並ぶ古くて美しい町。「いつか自転車で来たい」と何度もイメージした場所だ。この港をバックに、この位置で、こう自転車にまたがって、そう、ちょうどこんな感じに……。イメージしたことは実現するんだ、やっぱりそう思う。

　イメージが現実世界に与える影響は大きい。自分の夢は何なのか、自分はどうしたいのか、そのために何をすればいいのか、改めて自分に言い聞かせるのだった。

セザンヌ、ルノワール、コローといった、大勢の画家たちを魅了してきた港町オンフルール

第2話 自分次第 〜コートジボワール

　西アフリカの奥深い森を抜けて、コートジボワールへ入国。赤土の悪路と、大小の山越えが続いている。

　夕方、狭かった道が開けて、遠くの方に目的の村が見えてきた。家々から白い煙が立っているのが見える。きっと夕食の仕度をしているのだろう。

　村に着いたという安心感と同時に、胃のあたりがキュッと痛んだ。毎日のことだが、これから向かう村では誰も僕のことは知らないし、僕が現れるなんて想像もしていない。言葉もうまく通じないし、悪い奴がいて何か盗られるかもしれない。でも僕は、どうしてもこの村に入って行かなくてはならない。水は底をついているし、食料の補給をしなくてはならない。次の村までの情報を得る必要もある。

　僕は旅の初めのころ、村に着くと「ここはいい村だ」「運が良かった」とか、「あぁ、嫌な村だ」「運が悪かった」と思っていたが、やがて出会いは自分次第で変わってくることに気がついた。

　「昨日の村では受け入れてもらえた。だから今日も大丈夫」「きっといい出会いがある」と思って村に向かうと、いい出会いに恵まれた。逆に、「ここには嫌な奴がいるに違いない。誰も僕を受け入れてくれないだろう」と思って村に行くと、良い展開がなく、運にも見放された。

　村に入る時に、自分が持っている相手や自分自身に対するイメージ、挨拶や自己紹介のタイミングなど、自分の一挙一動がこれから起こることを強く方向づけていた。そこの人たちや状況のせいではなく、物事は自分次第で展開する。思い通りになることばかりではないが、やるだけのことをやれば後悔はない。

遠くに村が見えてきて、緊張する瞬間。結果はどうあれ、自分にできることをすべてやれば、起こることはたいてい受け入れられる

第3話　体験と感動 〜ボツワナ

　おおっ！な、なんだ、あれは！？　空が暗くなったと思ったら、少し先で一部分だけ集中的に雨が降っているように見える。ここではこんな雨の降り方をするのか。雨の降り方は世界中どこも同じだと思っていたら、こんなこともあるんだなぁ……。

　足元を見ると、小さなスイカのようなものが生えている。砂漠にスイカ！？　そう、野生のスイカだという。強烈な日差しと乾燥にもかかわらず、この植物は水分を蓄えながら生きているのだ。そしてこのスイカのおかげで、人間や動物が生き延びることができる。感動の連続だ。同時に、自分がいかに「知ったつもり」になっていたかを反省する。

　昨今、テレビやインターネットなどでたくさんの「情報」を得ることはできるが、どれも「実感」としてとらえることが難しい。実際に五感で感じる体験と、発信されて与えられた情報を頭で理解するのとは、大きな違いがある。

　体験することによりその場で感動が生まれ、知識は本物に、つまり自分のものになる。その知識も、感動できる感性がなければ使うことができない。説得力があるかないかは、体験があるかないかと同じだと思う。

　自然は想像もできない感動や不思議や、知恵で満ちあ

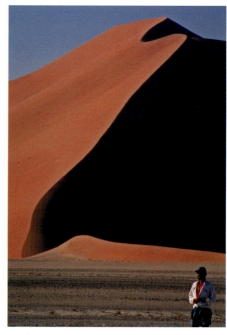

ふれている。気象条件や地形など思い通りにならない環境では、いくら自分の体力と知識を頼りに進んでいても、歯が立たない。いかに自分が無力で無知かを思い知らされる。そして、そういうことを知った人が謙虚になって、自分にできること、つまり自分の役割を探すようになるのではないか。たくさんの人たちに、世界の大自然で、たくさんの体験と感動をしてもらいたいと思う。

一部分だけ集中的に雨を降らす雨雲。世界一周は想像を超える体験の連続だった

第4話　日没 〜ジンバブエ

　太陽が沈む前にテントを設営し、自転車の荷物を運び込み、ご飯を作って食事を終える。一息つきながら地図を広げて自分のいる場所を確認すると、とんでもなく遠くまで来てしまったんだなぁ、という不安な気持ちが押し寄せてくる。動物の鳴き声が聞こえてくる荒野の真ん中で、1人キャンプするのも心細い。

　ふと空を見上げると、オレンジ色に輝いていた太陽が地平線に沈み始め、空は薄むらさき色に変わり、青さを増し、紺となり、やがて闇の世界になる。僕は日没直後の、胸が締めつけられるように切ない、この空の青が大好きだ。人間の力ではどうにもならない、天が創った地球に生かされている感覚に、フッと力が抜ける。

　いいことばかりではなく、悩みや不安は尽きることがないが、今日も1日を終えることができた。日没は、その日を生かしてくれたすべてのことに感謝する時。

　星がまたたき始めた。星を見ながら、これまでに眺めてきた数々の夜空を思い出す。あの人たちは元気だろうか。僕のことを覚えていてくれているだろうか。日本のみんなは、同じ空を見ているだろうか……。この星は、さっきの空の色は、いったい僕にどんなメッセージを送っているのだろう。

　そんなことをぐるぐると考えているうちに眠くなり、日記を書く気力も無くなり、ろうそくの火を吹き消すのが精一杯。このところ連日走り続けているので、疲れ果てて明日はもう走れないかもしれない……。でもきっと、朝には大地のエネルギーが体中に満たされて、僕は生まれ変わっているはずだ。そう思いながら深い眠りに落ちた。

▶ アフリカの南部では、毎日このような日没を眺めていた。刻一刻と変化していく空の繊細さに心を奪われる

第5話 世界に共通すること 〜イラン

　世界一周中、ヒゲ面であることがとても役に立った。アフリカ、中東、アジアとイスラム圏を1年以上走る間、このヒゲは、パスポートの役割を果たしていたと思う。仲間ができやすいのだ。「君のヒゲは素晴らしい！　ご利益があるので大切にしなくてはならない」「君のヒゲは輝いている」と大げさにほめられる。

　僕は1日に5回、モスク（礼拝堂）から流れてくるお祈りの合図が好きだった。

　イスラム教徒はどこで何をしていても、お祈りの時間になると手を止めてお祈りをする。1度、自転車で走行中に突然目の前で乗り合いタクシーが止まり、男たちがパッと降りてきたと思ったら、一斉に路肩でメッカの方角を向いて祈り始めたのには度肝を抜かれた。それから僕も、現地の人たちと一緒にいる時は、見よう見まねで祈ったものだ。

　モスクにも行った。ある時、祈りを終えてモスクを出ようとしたら、立派なヒゲ面の男に声をかけられた。祈りの最中、彼が僕を見ているのが気になっていた。

「君はイスラム教徒なのか」

　ヤバイ！ イスラム教徒以外がモスクに入るのはご法度なのか。でもここは正直に答えたほうが良いと思い、「イスラム教徒ではないが、あなた方と祈るのが好きなので、一緒に祈っている」と言った。口から心臓が飛び出しそうだった。

「そうか……。それにしても、そのヒゲはいかしているぞ。一緒に祈ってくれてありがとう」

　男の顔に笑みが浮かんだ。

　どこの国でも相手の大切なものを大切にすることで、自分が大切にされる。これは言葉、宗教、文化、肌の色を越えて世界中で、もちろん日本でも共通している。

マシャドにあるイスラム教のモスク。イスラムというと怖いイメージがあったが、自分が何も知らないだけだった

第6話 そのままでいいんだよ 〜イラン

何もかもうまくいかなかった。

単調な土漠の一本道がどこまでも続く。道路標識は難解なペルシャ語で、何と書かれているのかさっぱりわからない。数字すら読むことができない。

「しんどい」としか思えなかったので走りも冴えず、イヤイヤやっているから運も味方してくれない。追い抜かしていくトラックの風圧で、路肩に押しやられて転倒する。サンドイッチを食べれば、ハムが腐っていて下痢をする。宿に泊まれば水が出ない上、ベッドはダニと南京虫だらけ。日中は50度を越える恐ろしい暑さ。強烈な太陽で両腕を火傷してしまい、水ぶくれを作ってしまった。孤独でさびしくて、本当にしんどかった。

道端に座って休んでいると、イラン人の男が肩を叩いた。「オツカレサン」。久しぶりの日本語、飛び上がるほど嬉しいはずが、僕は反射的に彼の手を「うるさい」と振り払ってしまった。その男の驚いた顔。心にまったく余裕が無くなっていた。彼はかつて日本で働いたことがあって、日本人を見つけると恩返しのつもりで世話をしていると言った。あぁ、なんてことをしてしまったんだろう……。彼は去っていった。僕はそんな自分が嫌になり、さらに落ち込んだ。

その時、僕の手に1匹のハエがとまった。そしてこう言った。「おまえは一生懸命がんばっている。そのままでいいんだよ」。温かいメッセージだった。誰にも相手にされないと思っていたが、ハエには認めてもらっている気がして、涙が出てきた。

それから僕は少しずつ、少しずつ回復することができた。いつもギリギリのところで助けが現れる。

「孤独だ」と思うと、さらに孤独になった。そのくせ、誰かに話しかけられるとうっとうしく感じる自分が嫌だった。イランの土漠

第7話 **肯定し続ける** ～イラン

　旅人が集まる安宿に、国籍の違うサイクリストが偶然5人集まった。最初は旅の情報を交換していたが、そのうち、野犬の話に。イギリス人は「1度に3か所も噛まれたことがある」と言って同情を引き、アイルランド人は「追いかけられた時、空気入れを振り回して戦った」と身振りを交えた。すると別の男が、「俺はオノを持って走っている奴に会ったぜ」と言ったので、「そりゃ嘘だろう！」とみんなで大笑いした。笑いがおさまった時、それまで無言だったスロバキア人が「俺は素手で戦う。犬とはいえ、相手が丸腰なのに武器を持ったら卑怯だろう」と言って、みんなを黙らせた。

　僕はそのスロバキア人と相部屋になった。彼の自転車が見当たらないので、「自転車はどこ？」と聞くと、「2週間前に盗まれた」と言った。

　「えっ、盗られたって！？」

　「そうだ。スロバキアからトルコを抜けてイスファハンまで来た時、盗まれてしまった」

　「鍵はかけていたんだろう？」

　「もちろん。でも盗られた僕が不注意だった。だからもう国に戻る。働いてもう1度自転車を買って、同じ所から走り続けるよ」

　「そ、そうか……。それは残念だな」

　僕はそんな言葉しか出なかった。

　「あぁ。だけどここまで来られただけで十分幸せだよ。感謝している」

　「えっ！？」

　彼は盗んだ奴を恨むどころか自ら反省し、物事の良い部分だけを見てそれに感謝していた。まだ20歳過ぎの青年の潔さに感動し、こりゃかなわない、と思った。

　僕は翌日から彼の「十分幸せだよ。感謝している」という言葉を噛み締め、それを何度も繰り返しながらペダルをこいだ。

ペルシャ語の道路標識。さまざまな不安の中、「肯定する」という行為が自分を前に進ませてくれた。写真のいちばん下は「テヘラン548キロ」と書いてある

第8話　地の果て　〜パキスタン

　アフガニスタン寄りの谷から、カラコルム ハイウェイの要所ギルギットまで、東に約400キロ。そのほとんどが悪路の連続。険しいアップダウンに加え、土砂崩れが頻繁(ひんぱん)に起こる道の眼下には、氷河の溶けた水がごうごうと流れている。この道のハイライトは、シャンドゥール峠に広がる美しい湖だ。

　乾いた山肌をひたすら自転車で上り続ける。風を遮(さえぎ)る木がないので風の当たりが強く、砂の舞い方もひどい。

　つづら折りを上り続けると、一気に視界が開けた。崖ばかりの殺風景な景色が続いていたので、これだけ視界が広がったのは久しぶりだ。大きく静かな湖が現れ、空が高い。これがシャンドゥール峠か。冬期は雪で閉ざされると聞いた。

　それにしてもきれいな空。空気は澄んで本当に静か。湖は透き通り、鏡のように空の青を写している。風が止むと、まるで何かが音を吸収してしまっているかのように静かなので怖いぐらいだ。鳥や虫もまったく音を立てない。思い出したように風が吹くと、風の音にホッとする。

　9月も半ばなので家畜のえさとなる草が少なく、湖畔の夏村にいる人も残りわずかのようだ。猛暑の低地で食欲のなくなった羊、山羊、牛などを連れて標高の高い場所で放牧をする人たち。テントから煙が出ているので、あとで寄ってみよう。

　物資を積んだジープとわずかなツーリスト以外、ここを通る人はいない。数か月間も下界から離れてこんなだだっ広い、何もない所でポツンと生活するのはどんなものだろう。僕にとってこれから決断しなくてはならないさまざまなことや、悩んでいたことが小さく感じられるのだった。

▶ シャンドゥール峠に広がる湖。晴れていたと思ったら急に風が出てきて雹(ひょう)が降る。標高3720メートル

第9話　出会い　〜カラコルム ハイウェイ・パキスタン

　母なる大地の優しくて厳しい懐を自転車という手段で見に行く——未知の国々を渡り歩き、そこに暮らす人たちを訪ねる。さまざまな自然や人との出会いが、さらにワクワクする出会いの始まりになることを祈って。

　これは僕が26歳の時、小学生からの世界一周という夢を実現させようと決意し、勤務先に内緒でスポンサー探しをしていた時の企画書の冒頭の文章。ここに書いた「出会い」が、実際に無数の出会いとつながり、今に至っている。

　カラコルム ハイウェイのパスーという山間部の村から、トレッキングに行くことにした。道路沿いに植えられたポプラはすでに黄色く、厳しい冬が間近なことを伝えている。

　その日は1日かけて標高3500メートルのスカ・ザルトという山を登り、山頂付近でキャンプした。山頂は上下左右、ほぼすべて周りが見渡せるほどの凄まじい景観。片方に氷河、もう片方にはノコギリのようなギザギザの山が見える。目の前にある山、空、雲、太陽、風といった「存在」に、ただただ圧倒される。息をするたびに、自分が浄化されていくようだ。

　中学生の時、カラコルム ハイウェイの過酷であるけれど、どこか惹かれて止まない母なる大地を感じさせる写真を見て、こんな所に行けたらいいなぁ……と思ったことが、今、実現している。いや、想像以上のことが実現している。特別な人しか行けないと思っていたが、こんな自分でもできるんだ！という感動。そして、ついに来たんだ！という感謝。世界一周も半分まで来たが、これからもきっとこんな感動や感謝に恵まれる、そんな予感がしきりとしていた。

　「さまざまな自然や人との出会い」が、新しい自分との出会い、そして次の夢につながっていくことを実感する瞬間だった。

標高3500メートルのスカ・ザルト山頂付近。すぐ後ろは断崖絶壁で、下から風が吹き上げていた

第10話　祈り　〜チベット自治区・中国

　標高3650メートルのチベット自治区のラサ。今までに体験したことのない世界――土壁は白く塗られ、屋根や仏塔や橋には5色のタルチョがたなびく。タルチョとは経文を印刷した5色の布のこと。羊毛をまとったような服を着て歩く男、マニ車（宗教用具）を回しながら経文を唱える老婆、香木を燃やす炉、髪に赤や黒の太い糸をまく男たち、トルコ石を髪飾りに使う女たち、目に映るものすべてが新鮮だ。

　夜明け前から五体投地をする、信仰に生きる人々。人は笑い、しゃべり、そこに生活がある。自然でいい。

　「世界の屋根」チベット高原からヒマラヤ山脈を越えて、ネパールに続く道を約1か月かけて走った。最高地点は標高5220メートル。空も太陽もぐんと近い感じがする。

　途中いくつもの峠を越える。これが最後のカーブ……と思うのだが、その先に上り坂が続いている。空気が薄いのですぐに息が切れるようになり、地面に何度も足をつく。しばらく息を整えてから、再びこぎ出す。少しするとすぐ苦しくなって休む。この繰り返しだ。最後はもたれかかるように自転車を押し続け、顔を上げると、あった！　タルチョだ！　やった、峠だ！　風になびくタルチョが、手を叩くように迎えてくれる。

　峠に到着したトラックから、チベット人が下りてきた。懐（ふところ）から取り出したカター（白い布）やタルチョを結びつけ、間もなく峠を下って行った。峠を通る人は昔から、タルチョやカターを結んで旅の安全を祈っている。

　僕にとってもさまざまな出会い、助け、運が無ければここに立てなかったことを思うと、こんな厳しい環境を旅すること自体が祈りに思えてくる。

風にたなびくカターとタルチョ。風がタルチョに書かれた経文を読んでくれるという

第11話　**人間を幸せにするための物** 〜ユーコン準州・カナダ

　ヘインズ・ジャンクションから100キロ以上行った所に無人小屋があって、泊まることができると聞いていた。

　空はどんよりと曇り、雪がちらついている。気温は0℃。向かい風と日照時間の短さに、気持ちばかり焦っていた。午後から雪は雨へと変わり、手足はもちろん全身びしょ濡れで寒くて仕方がない。1時間に見かける車は3、4台だ。

　日没間際、霧のため見通しのきかない道端に、必死の思いで緑色の小屋を見つけた。「ナダヒニ・リゾート」。これがサイクリストやハイカーに無料で利用してもらおうと、ある善意の人が建て、メンテナンスまでしているものだ。地図にも載っていないし看板もないので、口で教えてもらわない限り、絶対にわからない。

　引っ掛けただけの南京錠を外して中に入ると、なんと薪、ストーブ、食器、調味料、マッチ、机、椅子、ベッド用のスペースとマットレス代わりのスポンジまで用意されている。水やトイレは無い掘っ立て小屋だが、この厳しい冬の寒さと不安、向こう何十キロ先にも何もない吹きっさらしの土地に、天国を見つけた思いだった。薪に火をつけると、小屋の中の温度は一気に上がった。

　宿帳を兼ねたノートを開くと、ここで助けられた人たちの感謝のメッセージが山ほど残っていた。同じように凍えて到着し、この状況に感動し、生き返ったのだ。あるオランダ人サイクリストが書いていた。

　「ここにたどり着けたことが、どれだけ幸せだったか！この小屋は、人間を幸せにするために、いかに少ない物でこと足りるか、ということを教えてくれた」

　まさにその通りだった。

道路から離れてポツンと建つ「ナダヒニ・リゾート」。出発の朝、昨晩の悪天候が嘘のようだ

第12話

自分だけじゃなかった ～北アメリカ

　厳寒の12月、カナダを走行中に左膝に激痛が走るようになり、歩くのさえ困難なほど症状を悪化させてしまった。医者には寒さ、使いすぎ、重たい荷物、サドルの高さなどが原因ではないかと言われたが、はっきりした理由はわからなかった。今思えば、精神的なものが大きかったように思える。

　北米はいわゆる先進国。楽しみながらもどこかで、「未開のアフリカや、混沌としたアジアの方が楽しかった」と、「今」に集中していなかった所があった。その結果、膝を痛め、走れなくなるという事態を引き起こしてしまったのかもしれない。

　結局カナダの小さな町で3週間にわたり治療とリハビリをしたため、遅れていた行程がさらに遅れ、長年夢に見ていたグランドキャニオン、ヨセミテなどの国立公園を断念せざるを得なくなった。

　正月、自転車をカナダに残してニューヨークに留学中の親友を訪ねた。彼とは中学時代に一緒に自転車レースを始め、ツーリングにもよく出かけていた仲だ。ニューヨークがある東海岸には、他にも数人の友人が勉強や仕事に励んでいた。みんな自分で決めた夢や目標に向かってがんばっていた。そして悩みも抱えていた。

　日本を離れて退路を断ち、自分の将来に投資する彼らは、大きな不安があっても、前向きにやっていくしかないという状況に身を置いていた。辛いのは自分だけではなかった。

　僕は予定のルートが走れなくなったことや、痛めた膝のことばかり気にしていたが、彼らから「目の前のことに集中しろ」「一瞬一瞬を大切に」「とにかく前に進め」という大切なメッセージをもらっていたことに気がついた。

▶ 凍りつく大地に日が射してきた。美しく、また厳しかったアラスカの大自然。ランゲル山脈をバックに

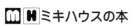 ミキハウスの本

（今後の出版活動に役立たせていただきます。）

ミキハウスの本をお買い上げいただき、誠にありがとうございます。
ご自身が読んでみたい本、大切な方に贈りたい本などご意見をお聞かせください。

お求めになった店名	この本の書名

この本をどうしてお知りになりましたか。
1. 店頭で見て　　2. ダイレクトメールで　　3. パンフレットで
4. 新聞・雑誌・TVCMで見て（　　　　　　　　　　　　　　　）
5. 人からすすめられて　　6. プレゼントされて
7. その他（　　　　　　　　　　　　　　　　　　　　　　　）

この本についてのご意見・ご感想をおきかせ下さい。（装幀、内容、価格など）

最近おもしろいと思った本があれば教えて下さい。
（書名）　　　　　　　　　　　（出版社）

ご協力ありがとうございました。

郵便はがき

| おそれいりますが切手をおはりください。 |

1 0 0 - 0 0 0 4

（受取人）
東京都千代田区大手町2-6-2
日本ビル6F
三起商行株式会社
出版部　　　　行

ご記入いただいたお客様の個人情報は、三起商行株式会社　出版部における企画の参考およびお客様への新刊情報やイベントなどのご案内の目的のみに利用いたします。他の目的では使用いたしません。ご案内など不要の場合は、右の枠に×を記入してください。

お名前(フリガナ)	男 ・ 女	ミキハウスの本を他にお持ちですか？
	年令　　才	YES ・ NO
お子様のお名前(フリガナ)	男 ・ 女	以前このハガキを出したことがありますか
	年令　　才	YES ・ NO
ご住所（〒　　　　）		
TEL　（　　）　　　　FAX　（　　）		

第13話 過信 〜チリ

　アンデス山脈の標高4080メートルの峠を目指して、土漠を走っていた。

　昼過ぎ、頭痛と目まいに襲われた。やがて体がだるくなり、ペダルがこげなくなってしまった。何かを食べて元気を出そうと思うが、食欲がない。典型的な高山病の症状だった。強風で自転車を押すのも辛くなり、岩陰を探して倒れるように横になった。高山病で無理をすると、呼吸困難や意識不明から命を落とすこともある。

　「どうしたらいいんだろう……」

　近くに新しい道路が完成したので、ここを通る車は皆無に等しい。もし、このまま時間が過ぎていったら、僕はどういう形で「発見」されるのだろうか。思考がマイナスになっている自分に気づき、ハッとする。

　夜になると風に体温を奪われて凍死してしまう。何とかテントを張って、絶望的な思いでテントに入ろうとした瞬間、目を疑った。まさか！　砂煙りを上げて１台のジープがやって来たのだ。両手を上げてジープを止めると、運転手はなんと、その州の知事だった。知事は僕を国境警備隊の詰所まで自転車と共に運んでくれ、来た道を戻って行った。まるで映画のワンシーンのようだった。

　「天は味方してくれた」。そうとしか思えなかった。あり得ないタイミングで助けられた。少し前までは強風が吹き荒れ、体も動かず思考も働かず、飲み水も残り少ない絶望的な状況だったのに、今は暖かな建物の中で酸素ボンベの酸素を吸い、熱いコカ茶を飲んでいる。普通に命あることが不思議でならなかった。

　今回は過信していた。自分を信じることは力になるが、過信はすべてを失ってしまうことを教えられる。

標高3900メートル、このあたりから高山病の症状を感じていた。エメラルドグリーンの塩湖と白い塩

第14話 メッセージ ～アルゼンチン

　4年以上1人で自転車の旅を続けていたためか、自然と友だちになり、話ができるようになった。

　初めて森と話をしたのは、カメルーンだった。うっそうとした森を走っていると、「ようこそ、ようこそ！」と声が聞えたので全身に鳥肌が立った。びっくりして辺りを見渡したが誰もいない。すぐにそれが「森の声」とわかった僕は、「ありがとう、ありがとう」と繰り返した。森に声を出して歓迎されるなんて嬉しかった。

　標高4000メートルのチベット高原を走っていた時、午後になると決まって向かい風が吹いた。サングラスをしていても、横から砂が入って目が開けられない。「風と友だちになろう」とつぶやき続けた。その時、「あと少し先に、風を避けて休める所があるよ」と風が教えてくれた。

　アルゼンチンの乾燥した山岳地帯では、サボテンにたしなめられた。厳しい暑さの中、残りの水がほとんど無い。高山病のため頭痛が治まらない。不安な気持ちで走っていた時、痛めた左膝の踏ん張りがきかず、石にハンドルをとられて激しく転倒してしまった。僕は痛みと嫌気で、起き上がるのも面倒になっていた。

　その時、道端のサボテンが言った。「僕らは好きでこんな暑くて乾いた土地に生まれたんじゃない。だけどこの環境で自分の命を守り、その命をつないでいくために必死の努力をして、水を蓄える仕組みやトゲを授かった。君は何でも手に入り、環境を選ぶことができる星の下に生まれながら不満を言おうってのかい？」

　見渡すと、傷ついて不恰好になりながらも使命をまっとうしようとする、無数のサボテンたちがいた。

メッセージをくれた、アンデスのサボテンたち。乾燥が激しく厳しいルートだったが、「独りではない」と思えることが励みだった

第15話　旅 〜ボリビア

「おーい！　こんなところで何をやっているんだ？」

「昨晩ここでキャンプしたんですよ。あなたこそ、こんなところを1人で車に乗っているんですか？」

僕たちは笑いながら握手を交わした。

ジープのフランス人は、家族で南米大陸を旅しているが、家族は疲れているので宿に残し、今日は1人でここまでやって来たという。青と白が地平線まで続く塩の大地に、世界中から人が集まってくる。

アンデス山脈にあるウユニ塩湖。富士山とほぼ同じ標高の3700メートルにあり、面積は琵琶湖の約12倍。およそ100キロ四方にわたって真っ白な塩の平原が続く、世界最大の塩湖だ。乾期には水が干上がって塩がカチカチになるため、湖上を車や自転車で走ることができる。

ここは標高が高いため酸素が薄く、紫外線も強烈で、極度に乾燥している。日差しが塩に反射して、サングラス無しでは目が開けられない。日没後は冷え込んで、一気に氷点下まで気温が下がる。それでもここは僕のあこがれの場所だった。

かつて海底だった所が、富士山の高さまで隆起してできたという湖。これだけの塩ができるには、いったいどれだけの歳月がかかり、どれだけの水が蒸発したのだろう。人間の想像をはるかに超えた地球の営みを目の当たりにすると、いつも「自分はこれでいいのだろうか」と自らを振り返る。

さっきは「何をやっているんだ」と尋ねられて、「キャンプをしている」と答えたが、心の中では、「自分はどうして旅をするのか」「自分はどこへ向かっているのか」に思いを巡らす。旅では出会う相手と向き合いながら、自分と向き合っている。

▶ 長年の夢だった、ボリビアのウユニ塩湖。その土地に「呼ばれて」初めて訪れることができる、そんな所だった

第1話　生かされている　〜ギニア

　村では目にするものすべてが新鮮で、感動を抑えることができない。同じ時代に生きながら、昔のように木をこすり合わせて火をおこし、パチンコや罠(わな)で猟をして暮らしている。出会いは楽しいが、連日の走行と暑さで疲労がピークに達していた。

　その日の夕方、今も大勢の人が亡くなる病気、恐れていたマラリアを発病させてしまった。毛布を何枚かけても悪寒で体が震えて止まらない。直後には熱が40度以上になり、自力で動けなくなった。下痢には血便が混じり、何と赤痢も併発していた。

　シェリフというギニア人医師が「このままでは治らない」と治療してくれた。療養中、「僕を治してくれた薬はどれ？」と聞くと「もうない」と言う。シェリフは村に残っていた最後の注射を、僕のために使ってくれたのだった。

　近所のおばちゃんが手を握りしめ、腕をさすってくれる。手の温もりが、何よりありがたかった。「日本では病気の時、お粥(かゆ)を食べるんだ」なんて話したら、翌日「こんなの初めて作った」と、鍋いっぱいのお粥を持ってきてくれた。母が持たせてくれた梅干と一緒に食べながら、涙が止まらなかった。

　出発の朝、僕は言葉が見つからず、シェリフにただ「ありがとう」を繰り返した。せめて薬代だけでも払おうとしたが、「俺の国にいる間は、俺たちが面倒を見ると言っただろう」と受け取らない。

　僕はペダルをこぎ続けた。自転車にまたがり旅を続けることができる感動が、自分を勇気づける。一方で自分1人では何もできないことを確信し、強く思った。「自分は生きているのではない。生かされているのだ」と。

村長が貴重な食料である、ニワトリを差し入れてくれた。出会いやタイミングに僕は生かされていた

第2話　自分の力だけではできない　〜セネガル

　その日は道沿いの村に泊めてもらおうと思い、木陰でたむろしている男たちに「この村に泊めてもらえないでしょうか」と話しかけた。すると「村長に聞いた方がいい」と、村長の所に案内された。

　「僕は、自転車で旅をしている日本人です。今日はもう暗くなって先へ進めないので、この村に泊めてもらえないでしょうか？」

　村長は少し考えた後、「部屋ならある。こっちへ来なさい」と、空いている部屋をあてがってくれた。やった！今日は屋根のある所で泊まれる。

　食事や水浴びまで世話になった翌朝、出発の準備をしていると村長が来て言った。

　「今日、村で子どもが生まれるんだ。ぜひ赤ちゃんに会っていってくれ。だからもう1泊しなさい」。そして、「その赤ん坊には、TATSUという名前をつけようと思うんだが……」と。たまたま村に泊まったよそ者にここまで言ってくれるのは、一体どういうことなんだろう。

　村長の申し入れに応えたかったが、日程が遅れていたので、後ろ髪を引かれる思いで先へ進むことにした。別れ際、村長が「夕方、村に到着したら、これを村の誰かに渡しなさい」と言ってメモを手渡してくれた。

　夕方、予定の村に到着してそのメモを近くにいた村人に渡すと、まもなく村長が現れた。「私たちの村にようこそ。今日は私たちがあなたを歓迎します」と。メモには「この日本人の世話をするように」と書いてあったようだ。

　4年以上もかけて世界一周ができるのかと不安に思っていたが、「きっと走り切ることができる」というイメージを持たせてくれたのは、ここ西アフリカの人たちだった。

出発の朝に村長と住所交換。見返りを求めない、出会う1人ひとりのおかげで前に進むことができた

第3話　その土地の食べ物 〜トーゴ

「お〜い、ゴハン食べていきな〜！」

お昼時に自転車で村を通過すると、民家の庭先から明るく屈託のない声がかかる。

「やった！」と心の中で喜びながら引き返すと、女の人たちが現地の主食である、フフの準備をしていた。キャッサバというイモとプランテーン（料理用バナナ）のゆでたものを、まるでお餅をつくようにペッタン、ペッタンやっていた。

トーゴの人たちはこのフフを、ピーナツや野菜を唐辛子と煮込んだスープの中に入れ、ちぎりながら食べる。スープには魚や肉が入っていて、できたてのフフは温かくモチモチしていてとってもおいしい。スープの種類もたくさんあり、病みつきになるほど。家庭の味はさらに特別だった。ここでは毎日フフのご馳走をお腹いっぱい食べていたので、太ってしまった。

この頃、現地の食べ物を食べていると、元気が出て力強くペダルをこぐことができるだけでなく、病気に対する抵抗力もあることを実感していた。元来人間は住んでいる土地の四方四里、つまり身近で採れたものを食べて、土地の恵みを受けていた。確かにその土地で採れるものは新鮮で、たくさん食べることができ、その土地で暮らしていくのに必要なエネルギーや栄養が満ちているように感じていた。

もっとも土地のものを食べるということは、現地の人との「触れ合い」があるということで、出会う人の優しさや思いも同時に分けてもらっていたのだと思う。その土地の食べ物や出会う人なくして、自分は決して自転車で世界一周など成し遂げることはできないのだと学んでいた。

「アハハ！ 日本人がフフを作っているよ！」「アンタ、下手だねー！」みんなの笑い声があがった。通りがかりの村で

第4話　固執　〜カメルーン・コンゴ国境

　うっそうとした森が開けて急に空が広くなったと思ったら、大きな川に出くわした。カメルーンから対岸のコンゴへは、この川を渡らなくてはならない。

　同じ舟を待つ人の中に、背が高く体格のいい男がいたので、誰だろうと気になっていた。男は僕の視線を感じて、こっちにやってきた。

　「やぁ。俺はカメルーンのナショナルチームでサッカーをしていたが、オーナーが事件を起こして解散してしまったんだ。だからこれから国境を越えて、新しいチームを探しにアンゴラに行く。ダメだったら南アフリカまで行くよ」と淡々と言う。たった1つの小さな荷物で、どこにも何のあてもないのに、こうして自分を売り込みに行くのか……。僕はといえば、いつも安全パイをどこかに隠し持つ生き方だ。彼はさらに続けた。

　「ここに来る途中で弟が強盗に遭い、金も荷物も全部やられた。今、パスポートの申請に行っているので、弟が戻って来たら一緒に出発だ。……ところでお前、何か食べ物はあるか？」

　同情させておいて貴重な食料をせがみにきたと思い、僕はそっけなく「もうほとんどない」と答えた。この先、いつ食料を入手できるかわからない状況で、そう簡単にあげることはできない。すると彼は、手元のバッグから残り少ないパンとチーズを取り出して、こっそり僕に差し出した。

　「食べ物、無いんだろう」。僕は息が止まるほどびっくりし、そのまま受け取ってしまった。死ぬほど恥ずかしかった。助けが必要なのは彼の方ではないか。自分は一体何をやっているんだろう……。僕はいつも自分を守ることに必死になっている。

国境となるサンガ川を渡し舟で渡った。僕の自転車にはたくさんの荷物が積んである

第5話　求めていたもの　〜カメルーン・コンゴ

　アフリカ最大の難所と思われた中央アフリカの深いジャングルを、1人で走ることをためらっていた。尻込みする自分を自ら後押しし、これから進む国のビザを申請に行った時のこと。

　カメルーンのコンゴ大使館の入り口に「外国製」とわかるマウンテンバイクが2台置いてある。中で白人がビザの申請をしているようだ。彼らは僕と同年代のベルギー人。僕たちは、白人を見かけないこの土地でお互い自転車で旅をしているというのに驚いたが、これから走るルートも同じことにさらに驚いた。渡りに船！　かくして僕は難所を共に走る仲間を、奇跡的に見つけたのだった。少しでも時間がずれていたら会えなかったことを思うと、偶然の力はすごい。

　さて、一緒に走り出したまでは良かったが、彼らはとってもマイペース。せっかくアフリカに来ているのに、カトリック教会の白人神父を探して泊めてもらう。白人と現地の人の生活は違うのだ。村に泊まると村長への態度が悪かったり、食べ物の好き嫌いを主張したり、村人に「洗濯してくれ」などと平気で頼むし、ハラハラすることばかり。

　しかし、彼らが理詰めで主張したり感情に訴えたりする巧みな交渉術、人をうまく巻き込んで、時には強引に思えるやり方も、結果的には「安全に」「交流しながら」進んでいた。トラブルに遭遇しても笑い飛ばす勢いや、その土地や場面ごとの楽しみ方は、とても勉強になった。ペースの遅い僕に走りを合わせてくれる優しさもあった。

　走りを共にしていた時は彼らのすべてを受け入れることができなかったが、考えてみると結局、出会いそのものが僕の求めていたものだった。

ベルギー人の2人組、ジェームスとデイビッド。彼らとぶつかったことも多かったが、自分にとって必要な出会いだった

第6話 私たちがターツの両親だよ 〜トルコ

　東部の田舎を走っていると、自分の家で採れた農作物を並べる売店があった。僕は休憩したかったので、自転車を止めた。
　「おやおや、どこから来たんだい？」
　エンジンという口ひげの店番は、自転車に積まれた大きな荷物を見てあきれている。ひと通りの自己紹介をすると彼は表情を崩して、「今、チャイを入れてくるから、店番をしていてくれ」と少し離れた家に帰り、20分ほどして戻ってきた。間もなく雨が降り出したので、エンジンは「今日はうちに泊まっていきな」と言ってくれる。「ターツがよければ、1晩でも2晩でも3晩でもいいよ」と。厚意に甘えることにした。
　夕食は、ご馳走が所狭しと並べられた。どれも新鮮でおいしい。食事中、家族は僕におかずを回し、パンをサッと手元に置き、チャイをつぐなどしきりに気を遣ってくれる。家族が集まる食事は楽しくて、安心できて、何ものにもかえがたい。僕が家族の写真を見せると、みんな「チョクイイ、チョクイイ」と言う。トルコ語で「とてもいい」という意味で、日本語みたいだ。
　翌朝、奥さんが桑の実のエキスに、クルミを入れて固めた栄養食を持たせてくれた。「今日もたくさん走るんでしょ。トルコでは私たちがターツの両親だよ。いつでも戻っておいで」。エンジンは肩を抱いて送り出してくれた。出発して後ろを振り返ると、一家がいつまでも手を振っていた。
　トラブゾンの少年たちと同じように、エンジン一家も旅人を「神の客」と呼び、できる限りのもてなしをしよう、一宿一飯の世話をしよう、という教えを実践していた。

エンジン一家と夕食をいただく。どんな高級レストランよりも、家庭の味がいちばん！

第7話　足るを知る　〜パキスタン

　クエッタという都市で、道を尋ねた男に食事をご馳走になり、シャルワール・カミースという民族衣装までプレゼントされた。

　「パキスタンではこれを着たらいい。またいつでも家においでよ」

　男の家族は質素な生活をしているので、食事や衣装の代わりに何か要求されるのかと思っていたが、見返りを期待している様子はまったくなかった。

　北部のギルギットという町に着き、もらった民族衣装を着て市場を歩いていると、店先の男から「お前は何人だ？」とウルドゥー語で声がかかった。僕が「日本人です」と答えると、「そのヒゲはいいぞ、パキスタン人みたいだな。チャイでも飲んでいかないか」と誘われた。

　チャイをご馳走になると、「明日もこの町にいるんだったら、また寄ってくれ」と言われた。翌日顔を出すと、ここでも民族衣装をもらってしまった。

　彼らは1日わずか数百円の収入しかないにもかかわらず、お金持ちの国から来た人間に当然のようにお茶や食事をご馳走し、僕が興味を持ったものを惜し気もなく差し出してくれる。

　別れ際、「3人で記念写真を撮ろう。写真は送ってくれなくてもいい。僕らはいくら働いてお金を貯めても、一生日本に行くことはできない。だからお前が日本に帰ったら、日本の人たちに僕らのことを伝えてくれ」と言われた。

　彼らは自分たちの身近な文化や物を大切にして、それらをよそから来た人に紹介する。僕は自分に無いものばかり追い求め、それを手に入れることが豊かになるのだと信じて人生を送ろうとしているのではないか。「足るを知る」を教えられた。

「チャイでも飲んでいかないか」と誘ってくれた市場の男たち。今ある暮らしの中で、自分たちにできることを実践していた（中央筆者）

第8話 それぞれの夢 〜パキスタン

世界中のサイクリストがあこがれるパキスタン北部にあるカラコルム ハイウェイ。ここでいう「ハイウェイ」は高速道路ではなく、舗装された幹線道路のこと。首都のイスラマバードから中国のカシュガルまで約900キロ、低地からアップダウンを繰り返し、標高4730メートルまで登っていく。道路沿いには氷河が手にとるように近くに見え、カラコルム山脈が間近に迫る。桃源郷といわれるフンザの谷を通る、自転車乗りなら一生に1度は走りたい！と願う夢の道だ。

カラコルム ハイウェイを上り続けていると、狭い谷を走るようになり、陽が射し込みにくくなった。崖の上から大きな落石があって道路が陥没していたり、土砂崩れで崖っぷちを通る迂回路があったりしてスリリングだ。

標高4000メートルあたりから雪がちらつき始めた。日が落ちると極端に冷え込み、温度計を見るとマイナスになっていた。

思いがけず、前から赤いウインドブレーカーを着た2人のサイクリストが下ってきた。話を聞くとオランダ人夫婦で、子どもが独立したので夫婦で自転車世界一周の旅に出てきたという。

「6か月前にオランダを出て、やっとここに着いたんだ」

カラコルム ハイウェイは彼らの夢だった。白ヒゲのおじさんは酸素が薄い高地でも力がみなぎっていて、奥さんも笑顔を絶やすことがない。いつまでもそのスピリットを持ち続けてもらいたい。2人ともまったく年齢を感じさせなかった。

いろんな楽しみ方があるんだ。こういう人生もいいなぁ。たくさんの人に出会うことが、自分の夢に出会うことにつながっているのかもしれない。

峠まで自転車をジープで運んでもらい、自走で下ってきたという。楽しみ方はいろいろだ

第9話　笑顔　〜新疆ウイグル自治区・中国

　10月末、冬季は雪で通行困難となる標高4660メートルのクンジェラーブ峠を越えて、パキスタンから新疆ウイグル自治区へ入った。パミール高原のなだらかな景色が続いていて、どこまで走っても人の気配がない。

　夕方になると急に冷え込んできた。心細く、キャンプができる場所を探していると、煙の出ている石積みの民家が見えてきた。人が住んでいる！　僕は迷わずドアを叩いた。

　「こんにちは。今日はもう暗くて走れないので、横の空き地にテントを張らせてもらえませんか。明日カシュガルへ出発します。食料は持っています」

　身振りを交えて、出てきたお母さんに訴えた。

　タジク人のお母さんは中に通してくれ、寒いからとストーブでお湯を沸かしてチャイ（ここでは塩入りミルクティー）をドンブリにいっぱい注いでくれる。そして自家製ヨーグルトとナンを出してくれた。薄暗い部屋に家族が集まって、僕の一挙一動を無言で見つめている。ナンでヨーグルトをすくって食べてみるが、食べ方はこれでいいのだろうか。タジク人にお世話になるのは初めてなので緊張する。

　娘の1人が赤いマフラーを取って戻ってきた。そして僕の方をうかがっては、隣のお姉さんに何か耳打ちしている。僕は気がつかない振りをしていたが、その娘がこわばった表情で口を開いた。

　「そのスカーフ、私のマフラーと交換して！」

　僕が巻いていたスカーフはパキスタンで買ったお気に入りだったが、差し出した瞬間、彼女はそれまでとは別人のような笑顔になった。

　土地や文化が変わっても変わらない、そんな人間味に触れるたびにホッとするのだった。

お世話になったタジク人家族。隣に座っている彼女の赤いマフラーと、僕の紅白のスカーフを交換した

第10話 無償の親切 〜アラスカ州・アメリカ

　雪を被った雄大な山脈と針葉樹の森。抜けるような青空。1日の走行を地図で確認するが、あまりに土地が広大でわずか数センチしか進まない。北極圏近くの大自然を前に、自分の非力さばかり感じていた。

　夕方、走行中に後ろを振り向いた瞬間、大転倒した。日中溶けた氷が、再び氷になっていたのだ。幸い僕は無傷だったが、サイドバッグのフックを折ってしまった。意気消沈しつつ、雪中キャンプができる場所を探していると、煙突から煙の出ている山小屋を発見。ドアをノックすると、ヒゲ面のリチャードおじさんと、息子のリチャード・ジュニアが、まるで僕を待っていたかのように迎えてくれた。

　「おぉ、来たか！　今日、君を車で追い抜いたよ。こんな寒い時期に走っている君のこと、近所のみんなで心配していたんだ。どこかの家に現れるだろうと思ったが、俺の所に来てくれたか。いやぁ、良かった、良かった！」

　そう言って、手足の凍えた僕を家へ入れてくれた。パチパチと怒るように燃える暖炉の火がありがたかった。ヒゲ面のリチャードは電話番号を書いたメモをくれ、こう言った。

　「助けを求めるのに躊躇するな。ここの人間は、必ずみんな助けてくれる。明日から何かあったら連絡するように」

　彼らの見返りを期待しない親切は、骨身にしみる。実感のこもった、重たい言葉だった。アラスカという、想像を絶する厳しい自然に生きる人たちは、お互いに助け合って暮らしている。走っている時は1人だし、誰にも迷惑をかけていないと思っていたが、実際は多くの人を心配させ、守ってもらっていた。

ブラックベアの剥製やライフルが並ぶ山小屋で、リチャード・ジュニアと。みんな、助け合って暮らしている

第11話　特別参加賞　～チリ

　ビジャリカという街で、自転車レースが開かれると聞いた。興味本位で出かけると、広場にはスタート＆フィニッシュの垂れ幕やスポンサーのロゴが派手にかけられ、マイクの声が響いてくる。僕はレース独特の雰囲気に興奮して、関係者に、「僕も参加できますか」と聞くと、「もちろん！」ときた。よし、飛び入り参加だ。

　ヘルメットを取りに戻って会場へ向かうと、すでに選手たちがスタート地点に並んでいる。仮設テントで登録をしてゼッケンをもらうと、僕の名前が読み上げられた。「Bクラス、飛び入り参加の日本人、タツ・サカモト！」。みんなの視線が僕に注がれ、大きな拍手と歓声が上がる。選手たちは、笑顔で僕を最前列に並ばせてくれた。

　レースがスタート。いいポジションを取ろうとダッシュをかけるが、心臓は早くもバクバクしている。「このペースで1周20キロを3周はきつい……」と思った次の瞬間、周りの選手がシャーッと容赦なく僕を追い抜き始めた。歯が立たない。

　2周目、「日本選手の通過です！」とアナウンスが流れると、観客から拍手が起こる。「バモス、バモス！（行け、行け！）」と応援してくれるが、もうヘトヘト。追い越していく選手も「一緒にこい！」とサインをくれるが追いつけない。

　どうにかゴールして、選手たちと興奮気味に話をしていると、「おい、ステージに呼ばれているぞ」と言われた。なんと僕に「特別参加賞」。主催者からの粋（いき）なプレゼントだった。

　別れ際、何人もの選手が「おめでとう！　通るんだったら泊まっていけ」と住所を教えてくれる。世界中、自転車乗りにはどこか共通する想いがある気がした。

▶ スタート地点で最前列に並ばせてくれたチリのレーサーたち。自転車乗りはどこの世界でも親切だ

第12話　自問自答　〜エクアドル

　ラタクンガという町で、ある神父さんにお世話になった。僕がすでに3年以上旅をしていると知ると、食事や洗濯、買い物などいろいろと世話を焼いてくれ、別れ際にお金まで差し出してくれた。「旅をしていればお金は必要だから」と言って。エクアドル人の平均月収は日本人の1日分にも満たない。お金が必要なのは彼らである。質素な生活をしながらも、人を思いやる気持ちには限りが無い。僕は立場が逆だったら、2度と会わないであろう外国人に、こんなことができるだろうか。彼の人格に圧倒され、打ちのめされる思いがした。

　その2日後、エクアドル人の旧友、ビルの実家を訪ねるため、タンビージョという町に寄った。残念ながら本人は不在だったが、彼の家に1晩泊めてもらえた。

　夜食をスープとライスと、わずかな肉でもてなしてくれる。食卓には普段口にすることがないであろう、炭酸飲料が用意されていた。その気持ちに胸が詰まる。

　出発時は家族総出で見送ってくれた。「来てくれてありがとう」「本当に嬉しかった」「神様、ありがとうございます……」。目に涙をいっぱいにして、手を合わせる。僕には返す言葉がなかった。物でもらえば物で返しようもあるが、無償の愛の前には自分が何をすべきか考えさせられる。

　生活がどういう状況にあろうとも、どんな厳しい環境に暮らそうとも、何の言い訳もせず、ピュアな心をもち続ける人たちがいる。そんな人たちに出会うたび、人は人として強く生きていかなくてはならないことを教えられると同時に、自分はちゃんと生きているか、という自問自答を繰り返すのだった。

神父さんにお世話になった、ラタクンガの青空市。買い物をしながら談笑するインディヘナたち

第13話　勇気 〜パラグアイ

　エステ市で、先生をしているセルヒオという男に出会った。
　「学校に来て、生徒たちに話をしてくれないか。みんなもうすぐ卒業だから、タツみたいに夢に挑戦する勇気が必要なんだ」
　そう言われると断るわけにもいかない。
　セルヒオの学校は夜間で、生徒の年齢は16〜40歳と幅広い。彼は職員室で他の先生に僕を紹介してくれ、僕は授業で自転車世界一周の話をすることになった。
　大勢の前でしゃべり慣れない僕は、夢のきっかけ、資金調達や、どうやって企業の協力を得たかなど、生徒たちの質問に必死で答えた。しかし生徒は机に座ったり何か食べたりで、関心がないようだ。最後にセルヒオが、「夢や目標があれば、何とかしてかなえることはできるんだ！」とフォローしてくれたが、手ごたえはなかった。
　クラス後、1人のおばさんが笑顔で、「お疲れ様、今日はありがとう」とジュースを持ってきてくれた。少年がポケットからアーミーナイフを大事そうに取り出し、「これ使ってください」とプレゼントしてくれた。観光パンフレットを持ってきて、「もっとパラグアイでゆっくりしていったらいいのに……」と言ってくれる人もいた。そしてセルヒオが「あの人から」と、手紙をくれた。教室の後ろで雑談しているおばさんからだった。
　「今日はあなたにとって特別な日だったでしょう。でも私たちにとっては、もっとずっと特別な日でした。なぜなら、あなたと知り合うことができ、あなたの夢がかなっていることを分かち合うことができたからです。どうもありがとう」と書いてあった。
　挑戦する勇気をもらったのは自分の方だった。

「パラグアイ人は日本人に似ているところがあって、とてもシャイよ」と現地に住む日本人が言っていたのを思い出す。エステ市の夜間学校の生徒たちと

第14話　チームワーク　〜パタゴニア

　世界最南端の地、ウシュアイアを目指して、何百キロも続く不毛地帯を南下していた。強風が吹き荒れ、思い通りに走れない日が続いている。

　そんなある日、同じ方向を目指しているスイス人とアメリカ人のサイクリストと合流した。何もない荒野での出会いは鳥肌が立つほど嬉しい。仲間がいると走行距離を稼げ、食事もおいしい。トラブルがあった時は助けを求めやすい。

　一緒に走り始めて3日目、僕は限界を感じていた。彼らは体が大きく、体力も半端じゃない。とても一緒に旅を続けられる相手ではなかった。僕は走りを楽しめず、集中力が欠けて転倒するなどギリギリの走行をしていた。悔しかったが、2人に正直に告げた。

「君たちとはあまりに差がありすぎて、走りを楽しめなくなってしまった。残念だけど、別々にゴールを目指そう」

　すると、思いがけない言葉が返ってきた。

「タツが正直にそう言ってくれて嬉しい。実は僕らもタツが無理していることを心配していたんだ。それじゃ今日、僕らは先に行って、晩メシの用意をして待っているよ」

「え？　ご飯を作って待っているって？」

　その日、彼らは本当にパスタのソースを作って、僕の到着を待ってくれていた。自分の目を疑った。翌朝、僕は2人より早く起きて出発の準備をすませ、朝食の用意をした。そして彼らのテントの撤収を手伝った。

　僕はそれまで、無理をしてでも人に合わせることがチームワークと思っていたが、チームワークとは、自分の得意な所を活かし、相手のためにできることをしながら、一緒により良い結果を出していくことなのだと教えられた。

個性が強い2人から教えられることは多かった。苦労した分、学びも大きかった

第15話　大いなる力　〜アルゼンチン

　アンデス山脈の高地を走行中、高山病で倒れて動けなくなってしまった。手持ちの水が減っていき、最後は自分の尿を飲まなくてはならない状況だった。交通量が皆無に等しく、助けを求めることもできない状況で、僕は奇跡的に通りかかったチリ第2州の知事に救出された。

　トラブルから4日後、自力でサルタという街に下ってきた。暖かく、当たり前だが空気も湿度もあり、周りに人がいることに安心する。僕は少し休みたかった。人に会わず、部屋でじっとしていたかった。

　見つけた宿はとてもアットホーム。最初は近くの食堂で食べていたが、お父さんが「外で食べてもお金がかかるし、おいしくないだろう」と声をかけてくれ、家族と一緒の食卓でご飯をいただくようになった。外食では満たされなかったところを、家族が満たしてくれる。9歳になる男の子とも一緒によく遊んだ。

　この出会い、当時の僕にとってどれだけありがたかったことか。数日前はたった1人で死を考えてしまう状況だったのに、家族に守られて談笑しながら食事をすることができた。出発の時は、宿の親戚が友人4人と自転車で現れて、街外れまで20キロ以上も伴走してくれた。「しばらく自転車にはまたがりたくない」と思っていた自分が、気分を入れ替えて新たなスタートを切れたのは、この家族のおかげだった。

　僕は高山病で倒れたことを、宿では一切口にしていなかった。それなのにあの家族のいたわりようといったら……。必要なタイミングで、必要な出会いに助けられる。僕は何か「大きな力」に後押しされているような気がしてならなかった。

ふさぎこむ僕の気分を入れ替えてくれた、サルタの家族。中央の男の子はフラメンコを習っていた9歳のエリアス君

帰国、そして夢の先へ

第1話　世界一周、びっくりベスト5！

第1位　1年中吹き荒れる爆風で有名な、南米パタゴニア。自転車から降りると、荷物を積んだ重たい自転車が200メートルも吹き飛ばされてしまう……というのは冗談だが、テントを張るのと、火を使って調理をするのにものすごく苦労した。

第2位　モザンビークで、薄暗い山道を自転車を押しながら進んでいると、目の前に突然、顔が真っ白で目がギョロッ！とした女が現れた。予備知識のなかった僕は、「ヒイッ！」と大声をあげて飛び上がった。後に、植物の根から取れる白い粉を日焼け防止と美容目的に塗っていたと知ったが、しばらくは正視できなかった（大変失礼！）。

第3位　エクアドルで生きた「天竺ネズミ」を体にこすりつけて病気を治すという、先住民族の伝統治療を受けた。ネズミを使って病気やケガを治すなんて「あやしすぎる」と思ったが、膀胱の不快感と、首と膝の痛みの調子がよくなった。

第4位　神秘のガラパゴス諸島。世界中でいくつもの「野生の王国」といわれる場所を訪れたが、ここだけは話が違った。神が地球上のこの1か所だけに「別世界」を創り上げたとしか考えようがない。「命あるものの美しさ」に、ため息すら出なかったのは初めてだった。

第5位　世界一の高低差といわれる、ナミビアにある高さ300ｍの砂丘を歩いた。小さい頃からあこがれていた、赤いナミブ砂漠。なんと25年ぶりの大雨で、砂丘のふもとに巨大な湖ができていた。見渡す限りの砂漠に湖なんて、想像もできなかった。

第1位 1年中同じ方向から強風が吹き荒れるため、斜めに生えている南極ブナの木。パタゴニアを象徴する光景だ

第2話　**相棒** 〜ギリギリの時にも支えてくれたもの

　自転車世界一周を支えてくれた多くの人や出会いに加えて、4年以上旅を共にしてくれた、自転車やキャンプ道具などの装備も忘れてはならない。当時、入手可能で最も信頼のあるものを時間をかけて選び、走行中は念入りに手入れをした。

　世界一周の準備は、会社勤めをしながらだったので、仕事に忙殺されて夢を口にすることすらできない日もあった。「仕事の鬼」と言われるぐらい残業もした。それでも、わずかな時間を見つけて世界一周に必要な装備のカタログを広げ、自転車、テント、寝袋、小型ナイフ、調理道具などを少しずつ揃えていくことで、夢へのモチベーションを保ち続けることができた。

　氷雪の上を走れる自転車用スパイクタイヤ、わずか2キロの軽量テント、マイナス30度でも寝られる羽毛の寝袋、病原菌やボウフラなどを除去するハイテク浄水器、バッテリーがなくても撮影できる頑丈なカメラ、防水の小型ライト。どの装備も、多くの人の経験やアイディア、最先端の技術から産み出されたものだ。ネジ1本を例にとっても、良質の鉄鉱石を提供してくれた地球と、それを加工してくれた人たちに感謝しなくてはならない。さらに、縁があってこれらの装備と巡り合うことができた。

　孤独や不安に襲われた時に守ってくれたテント。氷点下でも調理を可能にしてくれたクッキングストーブ。転倒した時に頭を保護してくれたヘルメット。帰国直前、これらの装備が必要無い生活が始まることが、奇妙に感じられて仕方がなかった。どんな時も、決して裏切らずに支え続けてくれた相棒たちに、改めて心から感謝したい。

ガソリンを使用する小型軽量のクッキングストーブと、防水の施されたトレッキングシューズ。風の吹き荒れるパタゴニアにて

第3話　夢の架け橋プロジェクト　〜日本の子どもたち

　世界一周から帰国して2年後、学校を中心に86か所で講演をしながら、自転車で北海道から沖縄まで縦断した。半年以上かけて、子どもたちに夢を持つことや人と人とのつながりの大切さ、世界各地で受け取ってきたメッセージや体験などを伝えた。

　子どもたちに世界の珍しい写真を紹介すると、「キャーッ！」「うわぁー！」と両手で口や頭を押さえて、動かなくなったりする。質問コーナーでは、「名前は何ですか？」「アンパン好きですか？」といった素朴な質問攻めにあう。目をキラキラさせ、「目の前の人が夢を実現させたんだったら、自分も夢がかなうんだ！」と言う子どもたち。アフリカで出会った、その日1日を精一杯生きる子たちと同じ目の輝きをしていた。

　日本縦断中に、猛暑の中を3日間一緒に走ってくれた大学生、ヒゲ面にヘルメット姿の僕を外国人と間違えて「ハロー」と元気な挨拶をした小学生たち。「世界を回るなんて考えたこともないけど、君を泊めることはできる」と家にあげてくれ、家庭料理を振る舞ってくれた見ず知らずの家族。日本にも温かい人たちが大勢いる。私たちは日本のいいところをたくさん知って、もっと日本に誇りと自信を持っていいと思う。

　プロジェクトを通じて、「大人がどう生きるか」を考えさせられた。子どもは社会の鑑。大人が夢や目標を持ち、きちんと挨拶をし、何かしてもらったら必ずお礼を言い、人を不快にさせない言葉遣いをするなど、子どもたちの手本となる。情報に惑わされず、本質を見極めて伝えることも必要だ。また他人と比べて頭がいいとか、痩せているとか、お金持ちだとか、そんなことだけで人は幸せになるのではないことも、伝えていかなくてはならない。

「僕にもかぶらせて！」と、子どもたちが自転車のヘルメットを取り合った。日本も海外も、子どもに変わるところはない（右上）

第4話　ギニア　井戸掘りプロジェクト
〜自転車世界一周、旅の命の恩人たちへ

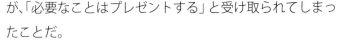

　4年3か月の自転車世界一周から帰国して、世界各地で受け取ったメッセージや体験をまとめて、『やった。』という本を出版した。その印税を手にした時、「これは貴重な経験をさせてくれ、助けてくれた人たちへお返ししなくてはならない」と思った。目を閉じると、西アフリカ・ギニアのドクターと村人たちの顔が浮かんできた。

　世界一周の1年目、死亡率の高いマラリアと赤痢を併発して倒れた時、村に残っていた最後の薬で命を救ってくれたギニアの村人たち。恩返しとして、井戸が無かったシェリフのお父さんの村にきれいな水を得るための「井戸掘りプロジェクト」を、村人たちとスタートさせた。予想外に苦労したのは、プロジェクトの主旨を当事者たちに伝えることだった。仏語の伝達能力に限界があってうまく理解してもらえず、「必要なことがあれば支援する」が、「必要なことはプレゼントする」と受け取られてしまったことだ。

　専門家からのアドバイスを受け、恩人のドクターと村人による「水管理委員会」を組織し、それぞれが役割を分担することにした。やがて「自分たちの井戸」という意識が高まり、2005年、彼らの手掘りによる井戸が完成した。井戸掘りの知識や経験など皆無の自分が、人が健康に暮らす手段の実現に関わることができたのは、自転車世界一周と同様、「人とのつながり」によるものだった。

　井戸は今も、修理代を積み立てるなどして、現地のやり方でしっかり管理されている。この井戸作りは、「自分たちが関わることで社会が変わる」ことを教えてくれた。他人任せでは変わらない。恩返しに行ったつもりが、今も教えられることばかりである。

「村に井戸ができたわ！」。特に女性が喜んでいたのが印象に残った。これまでバケツ1杯の水を得るために、近くの川まで往復1時間近くもかかっていた

第5話 ## ギニア 診療所建設プロジェクト
～自転車世界一周、旅の命の恩人たちへ

　井戸掘りプロジェクトが完成した時、次の夢が動き出した。恩人であるギニア人、ドクター・シェリフの夢、「診療所づくり」である。彼の住む地区に約6700人の住民がいるが、これまで診療所と呼べるものが1つもなかった。シェリフは「まともな医療施設や薬があれば、多くの命を救うことができる」と、診療所ができることを長年夢見ていた。今、自分の命があるのは、彼が処方してくれた薬のおかげ。自分にできる支援はさせてもらいたいと思っていた。

　「自分たちが関わることで社会が変わる」ことを実感したシェリフたち。NGO設立や土地の確保など約3年の準備期間を経て、2007年に診療所プロジェクトがスタートした。その翌年、ギニアを訪問すると、仲良くしていたシェリフの親戚の看護士が病気で亡くなっていた。元気だった彼の兄が半身不随の病に。マラリアにかかった1歳の子どもがお母さんの目の前で亡くなった。この国の平均寿命は46歳といわれ、今も病気や死と隣り合わせで暮らしている。

　一方、シェリフは業者と何度も練り直した設計図、妥当な見積もり、棟梁（とうりょう）や大工、職人の手配、砂利やブロックなど資材の手配など着工の準備を済ませていた。朝から晩まで患者がひっきりなしに訪れる診療所で、通常業務をしながらここまでやってきた彼の真摯（しんし）な姿に「応援したい」と思わされる。幸運なことに、現地に住む日本人とギニア人夫婦が、現場を監督してくれることにもなった。そして、ギニアでは異例のスピードとも言える約4か月で、およそ100㎡、6部屋の診療所が完成した。

　今回のプロジェクトの目的も診療所の完成ではなく、彼らが永続的に地域医療を維持していくことにある。今後は、「医者になりたい」という学生に奨学金制度を設立する予定だ。

2009年4月、ラベ市のタタ地区に完成したドクター・シェリフの診療所。多くの人の理解と協力を得ながら、これからも彼らの夢を応援したい

第6話　伝えていきたいこと

　自転車世界一周から帰国して6年目、あるきっかけから母校の大学で講義を持たせてもらうチャンスにめぐり合った。「地球体験から学ぶ異文化理解」という講座だ。これは世界一周の体験、内閣府の青年国際交流事業でリーダーをした時に大切にした「挨拶・感謝・個性を発揮」の実践、企業の採用担当官として感じたことを学生に伝えたい、という思いから始まった。

　学生は講義を受け、僕が世界一周中に縁があったブータンへ、夏休みに2週間スタディツアーに参加することで単位が取得できる。それだけ聞くと楽しそうだが、講義はただ机に座って待っているのではない。メンバー全員が自分の得意な役割を担当し、自ら設定した目標が実現するように実習を企画・運営し、帰国後も各方面へのお礼や報告をチームで行う。時間外の話し合いや問題解決など苦労は大きいが、自分や他人と正面から向き合った分、学びも大きい。

　体験を通じて学生たちは、1人ではできないことも力を合わせれば実現すること、一生懸命やるのはカッコ悪いことではないこと、助けを求めてもいいこと、自分から動くことで絆が生まれることなどを学んでいる。これはすべて、僕が体験から学ばせてもらってきたことだ。

　学生たちには実社会でも、今いる環境で自分の役割を知って一生懸命それに取り組んでほしい。普段の生活や勉強、そして仕事に夢や目標を見つけて誇りを持って生きていってほしい。僕は教員として生徒を信じることの大切さと難しさを痛感しつつ、伝える相手がいる幸せ、伝えるチャンスがある幸せに心から感謝している。

「地球体験から学ぶ異文化理解」の受講生と、下校途中のブータンの小学生。みんな確実に何かを胸に刻み込んでいる

第7話 ブータン 教育支援プロジェクト
～夢 その先に見えるもの

　自転車世界一周中に出会ったブータンの友人、ソナムさん（著書『やった。』に登場）と進めていた、幼稚園・小学校支援プロジェクト。教育を受けられない子どもたちのために、学校を設立しようという計画だ。それが3年経って教育省から認可が下りて実現に向かい、2009年5月に完成した。

　ブータンはヒマラヤにある小さなチベット仏教の国。学校ができたブムタン谷まで、首都からぐにゃぐにゃの山道を車で約10時間。ここは毎年、僕が担当する早稲田大学のスタディーツアーで訪れる学生を、農家がホームステイ先として引き受けてくれたり、学校訪問をする

と異文化交流会を開催して迎えてくれたり、とてもお世話になっている。そうした谷の人たちへ恩返しの意味もある。

　5月3日（日）、ブムタン初の幼稚園、「ジャムヤン・ロゼル校」の開校式に招かれた。着飾った関係者たちが朝早くから集まっていて、この日を心待ちにしていたのが伝わってくる。僕も民族衣装を着て式に出席。高僧によって執り行われた式の後は、ソナムさん一家によって用意された食べきれない量の食事やお酒が振る舞われ、お祝いを持った人がひっきりなしに訪れてきた。よく食べ、よくしゃべり、ブータンらしい1日だった。

　今回も約4年の準備期間中、JICA（国際協力機構）をはじめ、現地や日本でたくさんのアドバイスをいただいた。ソナムさんたちは親戚や銀行からお金を借り、政府に何度もプレゼンを重ねた。現場では大工さんが、大雨や氷点下でも工事を進めた。僕の提供した資金は講演会でいただく謝礼。勤務先をはじめ、多くの人の支えがあって活動が続けられる。夢には、たくさんの想いが詰まっている。世界一周の夢の先は、出会った人たちの夢を応援する夢に続いていた。

新しくできた校舎をバックに、ソナムさん（左から2番目）、旦那さん（右から3番目）、新任の先生たちと一緒に

夢の始まり
◆自転車との出会い

——坂本さんが自転車のとりこになったのは、小学生の頃、フランスで見たツール・ド・フランスがきっかけだったそうですね。

坂本 はい、ヨーロッパでは自転車が日本以上に身近な存在で、自転車で旅をすることも特別なことではありません。家族でドライブをしている時に、自転車にたくさん荷物を積んで走っている人たちを見つけ、僕は父に、「あの人たちは何をやっているの？」と聞いたのです。父は、「必要な食料やテントを積んで、パンク修理も自分でしながら自転車で旅行しているんだよ」と教えてくれました。あの風景は今でも鮮明に覚えています。「カッコいい。自分もいつかやりたい！」。自転車で旅をすることにもあこがれるようになり、世界を旅するイメージは、この時心に刻んでいたのかもしれません。

——中学生になって、東京から大阪まで自転車で走ったとか。

坂本 中学生の時に社会人や大学生と同じ自転車のチームに入って、週末に長い時は1日200キロ以上のトレーニ

フランスで過ごした小学生時代、パリのノートルダム寺院にて両親と兄（右）、弟（左）と

当時住んでいたパリ郊外の家。よく庭のリンゴの木に登って遊んでいた

ングをしていました。ロードレースにも参加しましたし、自転車に乗れない日は、部屋の中に置いた自転車の手入れをするのが楽しみ、というくらいのめり込んでいました。中2の夏休み、住んでいた東京から兄と兄の友人と3人で祖母のいる大阪まで走ったのは自信になりましたし、走っているとみんなが応援してくれたのを覚えています。

——自転車で世界一周。どうしてしようと思ったのですか？

坂本　単純に小学生の時の夢を実現したかったからです。自分の五感を使って世界を見たい。世界中の人に出会って、彼らがどんな所に住んで、何を食べて、どんなことを考えているのか、もっと知りたかったのです。それを大好きな自転車で実現しようと思いました。学生時代に大学を休学して1年間アメリカに留学したり、十数か国を旅したりしたのも、そうした気持ちの表れなのかもしれません。

◆本気さが見られる

——なぜ会社は4年3か月もの長期間、「有給休暇」で送り出してくれたのですか？普通なら考えられませんが……。

坂本　そうですね。夢を応援してもらったのだと思っています。僕はミキハウスに入社して以来、ずっと「世界一周の企画書」を会社に提出し続けました。当然相手にされませんでした。そして入社3年目の25歳の時、夢を引きずったままの生活か、夢を実現するために会社を辞めるかを悩みました。僕の思いは後者だったので、その思いを自分の夢に協賛してくれた企業のリストと共に社長にぶつけたのです。社長は、僕が内緒でとりつけていた10社以上の協賛企業を見た時、「あかんと言うたら、こいつは会社を辞めてでも行くな。本気やな」と思ったそうです。そして、「給料も出すから行ってこい。期間も希

世界一周を後押ししてくれ、今も夢を応援し続けてくれるミキハウスの木村皓一社長と　撮影：山田哲也

望通りでええ」と。最初はとても信じられませんでしたが、本気で夢に向かって動いていると、助けが現れるかもしれない、と思うようになりました。あとで聞くと、「1人ぐらい、変わったことやってる奴がおってもええやないか。応援してやりたいんや」と言って

くれていたそうです。

——社長に見せたのはどのようなリストですか？

坂本　自転車やテント、浄水器、ウエアなどを提供してくれる協賛企業のリストです。会社を辞めて旅に出るつもりでしたから、予算不足を補うために企業に協賛をお願いする構想がありました。僕は世界一周に必要な機材を、軽くて耐久性があるかどうかだけでなく、応援してもらえる可能性も含めて徹底的にリサーチしました。店頭で現物を手に取るだけでなく、インターネットが普及していない頃ですから、海外からカタログを取り寄せたりもしたのです。

　すべて飛び込みのお願いでしたので、1割でも良い返事がもらえたらと思っていたら、良い方に予想が外れました。最終的に24社も夢を応援してくれることになったのです。個人的な夢が、見ず知らずの人々の間に広がっていくのは鳥肌が立つほど嬉しかったです。

　カメラはニコンに協賛をお願いしましたが、あっさり断られてしまいました。でもどうしてもニコンを使いたかったので、お金を工面してカメラ一式を購入して旅立ちました。そして、一時帰国した時に、そのカメラで写した写真を持って再度ニコンに交渉しました。すると「新規の協賛はすべてお断りしているのですが、特別に協力しましょう」と言ってくださり、最新の機種を提供してもらうことができました。本気でチャレンジすることで状況が変わりました。

世界一周に必要な準備を、協賛企業の支援を受けながら進めることができた。会社の独身寮にて

夢の途上で
◆感謝の気持ちと
サムシング・グレート

——準備万端で出かけられましたが、いちばん強く感じたのはどんなことですか？

坂本　感謝です。本編にも書きましたが、ギニアでマラリアと赤痢を同時に発症した時、ドクター・シェリフは村に残っていた最後の薬を注射してくれました。そして、シェリフは「大丈夫、すぐ良くなるよ」と励まし続けてくれ、血便で汚れたパンツまで手で洗ってくれたのです。さらには、ここの思い出にと、ギニアの服をオーダーしてくれました。村人の献身的な看病も含め、この感謝の気持ちは決して忘れることはできません。僕は旅の途中でシェリフに感謝の気持ちを、手紙で何度も伝えました。そして帰国後に『やった。』の印税を手にした時、これで恩返しをしようと思いました。それがギニアでの井戸掘りや診療所建設＊

＊129ページ参照

命の恩人、ドクター・シェリフとの交流はすでに14年以上。訪ねれば家族のように迎えてくれる

へとつながるのです。

　また、圧倒的な大自然の中では謙虚にならざるを得ず、生きているんじゃなくて、「生かされている」と思えるようになり、自分を生かしてくれているすべてのものに、心の底から感謝することができました。

——生かされているというのはどのような感覚ですか？

坂本　自分の力というよりも、何か大いなる意思（サムシング・グレート）

アンデス山中で高山病になった時、面倒を見てくれたチリ国境警備隊の男たち

家の唯一のベッドを使わせてくれたガーナ人。本人と家族は隣の兄弟のところで寝ていた

に支えられているように感じたことでしょうか。たとえば、アンデス山脈で高山病になって身動きがとれなくなった時、偶然通りかかった州知事に救出されましたが、ありえない絶妙なタイミングでした。また、もう自転車に乗りたくない、見るのも嫌だと落ち込んでいた時に、本当の家族のように接してくれたアルゼンチンの家族と出会えたことは、まさに必要としているものが与えられたという思いでした。

井戸掘りの時もそうでした。掘削方法について悩んでいた時に、たまたま近くの井戸を視察に来ていた専門家と出会い、のどから手が出るほどほしかったアドバイスをもらえたこと。車が1日に数台しか通らない、電気もない真っ暗な山の中で夜になってしまい、（シェリフの家がある）ラベまで帰れなくなり途方にくれていたら、突然ラベに行くトラックが現れ、乗せてもらえたこと。まさにサムシング・グレートが働いているとしか思えない出来事でした。

——他にはどんな印象が残っていますか？

坂本　アフリカでは、夕方突然現れた僕にいちばん多くのおかずを出してくれるばかりか、家に1つしかないベッドで寝かせてくれるということは、

しょっちゅうでした。疲れ果ててご飯を作る気力が無い時、キャンプ場のレストランは値段が高過ぎて食べられず、テントに戻ってそのまま寝てしまおうと思っていたら、レストランのおばちゃんが「あなたの後ろ姿がかわいそうで……」と、こっそりご飯を持ってきてくれたこともありました。

こういうことを経験すると、どうして人はここまで優しくなれるのだろう、こんなことあり得ないって思うんです。日本では考えられないような貧しい生活にもかかわらず助けてくれる。それが毎日続くんです。そうすると、人間は信じられるというか、人間は本来はいい生き物なんだって思えてくるんです。そして「人っていいな」って思っていると、いい出会いが続き、相乗効果みたいなもので、「人は善」なんだと信じられるようになりました。

*129ページ参照

夢をかなえて
◆夢をかなえる3つの法則

――旅を終えて10年が経ちますが、今、どのようなことを考えておられますか？

坂本 自分が思っていた以上の経験だったように思います。自分の個人的な夢が実現しただけでなく、その経験の中に、何か普遍的なメッセージに似たものがあったとしたら、すごいことをやらせてもらったんだと思います。今でも年間100回近くの講演依頼があります。母校の早稲田大学で教壇に立つなんて考えられなかったし、『やった。』は高校英語のリーディングの教科書で使われ、DVD『夢 その先に見えるもの』は文部科学省の選定作品になりました。こうしたことを考えると、自分の力ではなく夢の力を感じます。

講演先の児童や生徒たちから感想文をもらうのですが、「夢なんかどうせかなわない、夢なんて無駄だと思っていたけれど、もう1回、夢にチャレンジしてみます」と書いてくれることがあります。本当に夢の力の大きさを感じました。夢は人を動かします。夢を持つと、その人の周りも変わってきます。夢ってとても大事だと思います。

また僕は1人で世界を回ってきましたが、結局1人ではありませんでした。いろんな人に支えられて、助けられて、夢が実現しました。だから「夢がかなったのは世界中のみんなのおかげ」なのです。自分1人では何もできないこと、感謝の気持ちが物事を前向きに動かすこと、当たり前の挨拶やお礼が幸運を導くこと、いい面を信じていれば、人も物事も厚意を向けてくれること、人は生かされていること、そんなことを今、生活の中で再確認しています。

――講演活動も多くされていますが、主にどのようなことを話されるのですか？

坂本 夢や目標を持つことの大切さ、人はたくさんの人や環境に支えられて

講演会は、ドクター・シェリフがプレゼントしてくれたギニアの民族衣装で

子どもたちの「質問タイム」は、素朴な疑問や質問が飛び出すので楽しい！

会社近くの中学校の生徒会が、「達と達成☆世界を救えプロジェクト」を立ち上げてギニアの活動に協力してくれた

生かされていること、ものの見方1つで今の状況が変わることなどです。

また僕は、経験から学んだ夢をかなえる3つの法則をよく話します。この3つを実行すると、いつか夢がかなうよ、というものです。「挨拶をしよう」「感謝をしよう」「自分の持ち味を発揮しよう」の3つです。

最初の挨拶ですが、挨拶はされる前に自分からすること。旅先で現地の言葉で挨拶をすると、たいてい握手で応えてくれます。すると相手の体温が伝わってきて、お互いに「肌の色は違うけれど同じ仲間だ」と思えてきますし、彼らから食べ物や寝る所などの必要な情報を教えてもらうことができました。

次の感謝ですが、あって当たり前、やってもらって当たり前のことなどありません。小さなことにも「ありがとう」という気持ちが大切です。感謝の気持ちがなくなった時に誰も助けてくれなかった、そんなこともありました。

最後の持ち味ですが、自分にあるものを活かすことです。フランスにいた時、地元の子どもたちとキャンプに行ったことがありました。フランス語ができないし、日本人は僕1人だけ。でも工作の時、画用紙で日本の鎧兜（よろいかぶと）を作ったら、みんなが集まって来てくれて人気者になりました。「たとえ言葉ができなくても、何か1つできること、得意なこと、つまり持ち味があれば、自分は認めてもらえる」。そういう原体験をしたように思います。

——現在のような講演活動やギニアでのプロジェクトなどを考えると、普通に会社員として働きながらでは不可能に近いと思います。どのように仕事と活動のバランスを保っておられるのですか？

坂本　現在、ミキハウスでは人事部採用担当官ですが、全国での講演活動やギニアやブータンでのプロジェクトを中心に活動しているため、実際に出社

するのはひと月に数日という時も含めて、年間3か月ほどです。実は会社に僕のデスクはなく、代わりに「ヒゲボックス」という引き出しがあるだけです。

普段、「子どもや社会のために何ができるか」という思いから活動をしていますが、一切会社の宣伝義務はありません。社員として世界一周をし、さらに10年経っても今のような活動が続けられるのは、ひとえに自分の活動を認め、応援してくれる会社のおかげです。本社では12月など商品の注文が多い時期に、社員が部署に関係なく出荷業務に駆けつけますが、そういった「人を応援し、支え合う」という使命感が、ミキハウスの文化につながっているのだと思います。ここでも「夢がかなうのはみんなのおかげ」なのです。

夢の広がり
◆辛かった恩返し
——帰国後の講演活動や本の印税で井戸

小学生の時、フランスのキャンプで作った鎧兜。これで一躍人気者になった

を掘り、今度は診療所を建てられましたが、それらは命を助けてくれた感謝の気持ちからでしょうか？

坂本 初めはそうでした。恩返しというつもりでしたが、途中で現地の人たちが「井戸のことも嬉しいけれど、タツが来てくれること自体が嬉しい」と言ってくれたんです。それで、彼らの

（井戸がほしいという）夢を応援することが、結果として恩返しになればそれでいいと思うようになったんです。

実は「恩返し」はとてもしんどいものでした。なんとか形にしなくてはと思っていたので、「自分がやらなきゃ」と前へ出ていたようです。井戸掘りの時なんか、僕が井戸掘り会社の人と、「こ

んなプロジェクトで、予算はこれくらい」って話してしまうと、横でシェリフがつまらなそうにしているんです。その時思ったんです。大事なことは僕が前に出るんじゃなくて、彼らが本気になって、自分たちでやろうとすることじゃないかって。結局これがいちばんいいやり方でした。「夢を応援した」というのは後付けです。

◆見られている
——井戸掘りにしても、診療所建設にしても現地の人たちとのコミュニケーションで気をつけていたことは何でしょうか？
坂本　その土地の人たちが大切にしている風習などを大事にすることでしょうか。

井戸掘りの時のことですが、なかなかコミュニケーションがうまくとれずに空回りをしていたことがあります。一応歓迎してくれるんですが、どこかで「また外国人が来た」という感じでした。実は以前、井戸を作るという政府の計画がうまくいかなかったことがあったようで、お前もそうなんだろう、結局井戸なんかできないんだろう、と見られていたんです。

そんな時、シェリフが「一緒に祈ろう」と言ってくれました。ギニアはイスラム教の国なので、この機会に祈り方を1から教えてもらいました。それまでは見よう見まねだけだったのですが、ちゃんとやろう、と思いました。彼らは大事なお祈りの前に手、腕、顔のすべて、耳、頭、足、だけでなく性器も洗うんです。神様の前なので、きれいにするのです。そして僕がそうしたら「さっき、タツがトイレに行ったあと、全部始めから洗い直して祈ってくれたので、嬉しかった」とシェリフが言ったんです。こんなことがあって次第に彼らは僕を認めてくれるようになり、その頃から時間をより多く共有してくれるようになったばかりか、僕の姿が見えると遠くから駆け寄ってくれて荷

祈りの前、耳や足など体を清める作法をシェリフに教えてもらう。現地で大切にされている風習や文化を、彼らの思いまで理解して実践することが不可欠だった

プロジェクトに力を貸してくれた井戸掘り業者。出会う人みんなが助けてくれた

村人が何度も集まって、僕や日本の家族、友人、職場の仲間の幸せを祈ってくれた

物を運んでくれるようになりました。

　講演会でよく、「相手が大切にしているものを大切にしたら、自分も大切にされた」という経験を伝えますが、見よう見まね、形だけではうまくいかない、相手の思いもしっかり理解しないとダメということです。わかっていたはずの異文化に直面して、困惑することもありました。彼らはイスラムの文化を重んじ、物事がうまくいくのもいかないのも、「神の思し召し」とします。井戸作りのための資材の搬入を待っていた時、いつまでたっても届かないので連絡をしてみると、トラックの運転手に「子どもが病気になったから、車は出せない。神の思し召しだ」と言われました。ギニアでの滞在が残りわずかだったこともあって、文化の壁を改めて痛感しました。でも現地は、資材を運んでくれるトラックが見つかるだけでも幸運、という世界です。そんな環境にいる彼らのペースに合わせることで、自分のことも理解してもらえたと思います。さまざまな場面で自分が試されていると思いました。

◆自分の可能性を信じて

——最後にお聞きします。夢を定義すると何という言葉になりますか？

坂本　「夢とは、かなっていくもの」とでもいいましょうか。日本で井戸掘りの準備をしている時、右も左もわからない中で井戸が掘れるかどうか、夢が

かなえられるかどうか悩み、何人もの人に相談しました。するとある人がこう言ったんです。「現地の人たちと一緒にするなら、かなっていくでしょう。かなえると言わなくてもできていくよ」。その言葉は非常に強く印象に残りました。世界一周の前は「夢はかなえるもの」でしたが、今では「かなっていくもの」だと思っています。ギニアの井戸や診療所、ブータンの学校は、たくさんの人たちに応援してもらって初めてできました。自分の力には限界があります。だから夢を共有して、その夢を応援し合うことが必要だと思っています。そのためにも挨拶や感謝の気持ちだけでなく、企画内容や準備、自分にできることを見極めてやっていく本気さも大切です。どんな夢でも、多くの人に応援してもらえればかなっていく、それが僕のスタンスです。

　同時に夢は、自分の可能性を信じることだと思います。僕は自分と他人を比較して、自分にできないところ、無いところばかりに着目して不安になっていた時期がありました。でも結局、自分の持ち味を大切にし、それを生かすことが夢につながっていたと思います。自分にできることを積み重ね、あきらめずにやり続けることで、周りの人に理解され、応援してもらえることもあります。実際、自分の無力さにがっかりすることもありますが、出会いや現実が夢を与えてくれたことも多々ありました。自分の可能性を信じ、行動し続けることで夢はかなっていく。今、そう感じています。

ドンゴル村に初めて完成した井戸の水を運ぶ女性たち。たくさんの人の思いが重なって夢がかなった

もっと詳しく！

＊ギニアの井戸掘り

　当初、井戸は僕を助けてくれた村で掘ろうと思っていた。しかし、再訪するとすでに外国の援助によって深井戸が2本できていたので、シェリフのお父さんの生まれ故郷、ドンゴル村に掘ることに。山岳地帯にあるこの村には井戸も病院も学校もない。村人は、バケツ1杯の水を1時間かけて谷まで汲みに行っているが、その川は、病原菌や寄生虫によって汚染されていて、風土病の温床となっていた。

　そこで、どのような井戸を掘るか村人と相談したところ、自分たちで掘り、維持管理ができる浅井戸になった。職人と村人が交代でスコップ1本とツルハシ1本を使って毎日掘り続けたところ、1か月で水が出始め、3か月後に井戸が完成した。途中、村人はバケツで土を運び出し、女性はセメントをこねるために必要な水を遠くの川から運び、子どもは砂利を集めた。井戸ができたことで村人たち、特に子どもの病気が減り、生活環境が大きく改善された。

＊シェリフの診療所

　シェリフは自分の診療所と勤務先の診療所の両方を掛け持ちしている。朝の8時頃までは自宅で、それから町の診療所へ行く。午後には帰ってきて、夜まで患者を診ている。これまで彼個人の診療所には電気はもちろん水さえなく、トタン屋根の隙間からは常に砂ぼこりが舞い込んでいた。ベッドが足りないため患者は入院することはできない。それでもシェリフを必要とする大勢の患者で診療所は、いつも朝から混んでいた。彼は薬を出すか処方せんを書いているが、お金がない人にはただで薬をあげているようだった。診療所には、たくさんの薬の箱が並んでいたが、その箱のいくつかを手に取ってみると、ほとんどが空……。それでも夜になると、シェリフは薬局に戻って、薬棚の後ろの1畳もない隙間で寝ていた。真夜中の泥棒から、わずかな薬を守るためだった。シェリフは、そんなギニアをなさけない国だと嘆いていたが、これらを改善するのがシェリフの長年の夢だ。

　いつか診療所にソーラーパネルをつけたいね、とシェリフと話している。電気があれば、夜でも安心して診察ができるからだ。

＊早稲田大学での講義

　客員教員として「地球体験から学ぶ異文化理解」という講座を早稲田大学平山郁夫記念ボランティアセンターでインストラクターと共に受け持つ。僕の講義は月1回。授業は、学生リーダーと教員補佐（Teaching Assistant）を中心に自分たちで運営し、僕とは「ホウレンソウ（報告・連絡・相談）」をしながら進める。

　ブータンは、国家の目標として国民総生産ではなく、国民総幸福を追求している国。現地の学生や僧侶らと交流し、人々の暮らしや文化、価値観、宗教などを共に生活しながら理解する。また、JICAや青年海外協力隊などの活動現場を訪問して、開発や援助、豊かさや生き方について考える。

ブータンの僧院を大学生たちと訪問。「来世でもまた会おう」と言われてみんなびっくり！

子どもたちからの質問コーナー

Q1 世界一周中で嫌になった時、壁に当たった時、くじけそうになった時、何を心の支えにしていましたか？

A1
　まず、「自分のやりたいこと」を日本ではもちろん、海外でも出会うたくさんの人が応援してくれたということが、心の支えになりました。
　また、病気になって動けなくなったり、思い通りに走れなかったり、物を売ってもらえなかったり、無視されたり、石を投げられたり、賄賂（わいろ）を要求されたり、辛いこともありました。でも目の前の状況で無い所や、できない所を見て不満を持つのではなく、ある所やできる所を見て、感謝したり、物事の明るい面や良い面を見たりするようにしました。悲観的になっていると、事態がさらに悪化するからです。

Q2 僕は世界へ行く勇気がないのですが、勇気が出るにはどうすればいいですか？

A2
　準備をしっかりすることです。何かを成功させるための8割は準備にあると思っています。最初は誰でも初めてのことは怖く感じるものです。小さな準備を積み重ねていくと、イメージがわいてきて勇気と自信が出てきます。たくさんの経験をして、そこから学び、その体験を信じることだと思います。
　臆病（おくびょう）なのは危険を予知する能力があり、他の人には見えないチャンスをつかむ力があるということだと、父に教わりました。一緒に何かをする仲間や、理解して励ましてくれる仲間を作るのもいいと思います。自分にできることを一生懸命やっていると、いつの間にか仲間が集まった気がします。

Q3 世界を一周したことで、自分の中で何か変わりましたか？

A3

　当たり前のことは何1つ無い、ということがわかり、小さなことにも大きく感謝をしなくてはならないと思うようになりました。健康があり、家族がいて、平和があり、笑うことができる。もちろん日本を含めて他の世界で、これらは決して当たり前のことではありませんでした。また、どんなにがんばっても何も変わらない、大自然や文化や言葉の壁の前で、自分の無力さを実感したことで、謙虚になれたと思います。

Q4 世界一周から帰ってきて、日本はどういう国に見えましたか？良かった所と、残念な所をお願いします。

A4

　日本には海や山があり、四季がめぐり、美しい自然があり、おいしい食べ物があるということが、本当に豊かなことだと感じました。そのおかげで、芸術や文学にも繊細なセンスがあると思います。また日本人はまじめで勤勉な所があるおかげで、今の発展した日本があるのだと思いました。紛失した財布や携帯電話が見つかるなど、モラルが高いのも良い所です。

　残念なのは、物があって当たり前、やってもらって当たり前、とありがたみを感じない人が多い所です。当たり前、と思っているとなかなかそれを生かすことができません。身の程をわきまえて、むやみに不満を持たないことを言う「足るを知る」という言葉がありますが、そんな所から始まる幸せや豊かさもたくさんあると思います。

Q5 「自分の夢を実現する」という強い信念を、どのようにしたら持つことができますか？

A5

　夢に向かって行動し続けることで、自然に信念が強くなったと思います。考えているだけでは何も変わりません。

　また自分1人で実現する、という気負いをなくすことでしょうか。1人でできることは限られていますので、たくさんの人に協力して助けてもらうことで、実現のイメージを作っていったと思います。そのために、日々の挨拶やお礼、人に嫌な思いをさせない言葉遣いや振る舞いなど、小さな行動を大切にすることだと思います。

Q6 何か国語を話せますか？
また、どのように勉強したのですか？

A6

　いちばん多い時は、12〜13か国語ぐらい話していたと思います。といっても片言ですが。現地では、周りの人を注意深く観察して、どう挨拶しているか、何をしゃべっているかを勉強しました。単語帳を作り、いつもポケットに入れて練習していました。間違ってもいいので、使ってみることです。言葉が通じなければ、食べたいものも食べられないし、道を聞いても理解できないからです。

　「こんにちは」「ありがとう」「ごめんなさい」「おいしいです」。これらの言葉を素直に言えることは日本を含め、世界中で本当に大切です。

Q7 「準備が大切」ということですが、どんな準備をしたのですか？

A7

　世界一周のルート作りのために、2年間ぐらいかけて世界の情勢、道路、気候、地理などを調べました。当時はインターネットが普及していませんでしたので、休日は図書館に通いました。経験者にアドバイスをもらいに行ったこともあります。

　また、英語とフランス語をラジオで勉強しました。これも2年続けました。貯金（節約のため、寮ではダンボールを使って生活していました）、トレーニング、熱帯病の勉強、各国の日本大使館など連絡先のリストアップ、協賛企業の獲得、留守中の保険や銀行口座の管理、勤務先や家族の説得などをしました。

　意外かもしれませんが、毎日の生活や仕事をしっかりすることが信頼につながり、周りの人たちに理解され、応援してもらえることにつながりました。今になって考えると、これがいちばんの追い風となったと思います。

Q8 社会人になってから世界一周を決意させたきっかけは何ですか？

A8

　社内に、夢や目標を実現させて、輝いている人たちがいたことです。仕事を通じて夢をかなえている社員、今でいう野村忠宏選手※のように世界を相手に活躍する人たちが何人もいたのです。「夢をかなえながら食べていく」、そんな生き方にあこがれました。

　また会社が夢に向かってチャレンジしたり、それを応援したりすることに積極的でした。「ダメ」という前に、「やってみよう！」という雰囲気が後押ししてくれたのです。身近にそういう環境があり、応援し合える仲間がいたおかげです。今もそれは変わっていません。

※ミキハウス柔道部所属。アトランタ、シドニー、アテネオリンピックで柔道史上初となる3連覇を達成した。

あとがき

世界一周から帰国後しばらくの間、充足感を感じる一方で会社員として何ができるだろう、何を期待され、何をどう返していけばいいのだろうという焦りと、先の見えない不安ばかりでした。誰かに教えてもらえるはずも無い、正解の無い答えを探す日々でした。

会社では新卒採用の仕事をしながら全国での講演会、ここに書いたような海外での支援活動をするうちに、必要なタイミングで必要な出会いがあり、内閣府の青年国際交流事業のナショナルリーダーを委嘱(いしょく)されたり、やりたかった大学での講師をしたりできるようになりました。世界一周中と同じくたくさんの人に支えられ、「大いなる意思」を感じつつ進んでくることができました。

家族を持ってからは、子どもの夏休みなどを利用して一家4人、8年計画で自転車による「世界6大陸大冒険」がスタート。2015年、長男5歳、次男2歳の時、子どもが小さいので色々な意味で冒険でした。今度は文化や生活の異なる国の人や家族と家族単位で出会い、触れ合い、つながることでどんな経験ができるかを試したい。子どもの好奇心、順応性、コミュニケーション力、変わっていく姿、そこにある親や社会、世界の子育てや教育などを見聞したいと思っています。

冒険中は各国で家庭に泊めていただく機会を大切にしているのですが、子どもたちは言葉ができなくても子ども同士遊びますし、家族の力だけではどうにもならない時、出会う家族に助けられることが多く、つくづく自分たちだけで子育てはできないな、と実感します。また兄弟で助け合ったり、ひたむきにペダルをこいだりする姿、勇気を出して現地の人に話しかける姿に感動することもしばしば。子どもの笑顔や元気さに救われることも多いです。

写真:「世界6大陸大冒険」第4ステージ。ブータン、霧のドチュラ峠にて

日本の生活ではモノと情報が多いので、子どもたちはあれが欲しい、あれが見たい、とかいろんな欲求が生まれますが、走っている時は限界があります。モノが無ければそのあたりにある石、木の棒、洗濯バサミなどで十分楽しんでいる姿に、モノの豊かさや便利さについて考えさせられます。便利になりすぎると本来持っている力を使わなくなり、知恵を絞らなくなり、感謝の気持ちも薄らいでいく気がします。豊かさや便利さについての価値観も、1つではないことを伝えていかなくてはと思います。

　一方講演に回っていると、「学校に来なかった児童が、坂本さんの話を聞いて学校に来るようになり、笑顔が見られるようになりました」「講演後、自分を見失って自暴自棄になっている生徒が『私、勉強し直したいんです』と相談を持ち掛けてきました」と後日談を教えてもらうことがあります。人はきっかけ1つですし、何事もやってみなければわからない。体験を積み重ねて自分の経験を信じることも大切。家族でのチャレンジを含めて、経験と事実を伝えることが多くの人、特に若い人の「きっかけ」となれば嬉しいです。

　講演会などで「達さん、すごいですね」と言われることもありますが、本当にすごいのは、こんな自分を理解して応援してくれる会社の仲間と身近な人たちです。あまり出社しない僕に、「たっつぁんは他の社員と同じ。みんなに役割がある。会社に来るとかこんとかは関係あらへん」と言い切るミキハウスの木村皓一社長。家族での冒険計画を伝えた時は、「よっしゃ、行って来い！安全第一やで！」と一緒に安全な遠征先を考えてくれるほどでした。また顔を合わせれば笑顔で接してくれる社員、「達さんの夢を応援するのが僕らの仕事」と言ってくれる後輩たち。そしていつも近くで支えてくれる家族、親戚。このあり得ない環境に、心から感謝するばかりです。

　いつも応援してくださる全国のみなさま、本当にありがとうございます。この本の印税も全額、今後の活動資金とさせていただきます。そして「世界6大陸大冒険」の報告も楽しみにしていてください。

2018年12月　坂本　達

100万回のありがとう
~ 自転車に夢のせて ~

著者
坂本 達

発行者
木村皓一

発行所
三起商行株式会社
〒581-8505 大阪府八尾市若林町 1-76-2
☎ 0120-645-605

印刷・製本
大日本印刷株式会社

発行日
初版第1刷　2018年12月13日

落丁本・乱丁本はお取り替えいたします。
本書の一部あるいは全部を無断で模写（コピー）することは、著作権法上の例外を除き禁じられています。

この作品は2010年に福音社から刊行されたものの再版です。カバーデザインは原作を使用しています。

136p 18×23cm　© 2018 Tatsu Sakamoto, Printed in Japan
ISBN 978-4-89588-816-5 C0095